打卡津城

Tianjin Photo Spot

Puyi's Traces: A Tale of Twin Gardens

溥仪遗踪 双园风云

宋　昆｜丛书策划
唐　倩｜编著
张　畅｜校注

天津大学出版社
TIANJIN UNIVERSITY PRESS

图书在版编目（CIP）数据

溥仪遗踪 双园风云 / 唐倩编著. -- 天津 : 天津大学出版社, 2025. 7. -- (打卡津城). -- ISBN 978-7-5618-8045-6

Ⅰ. K827=7; K928.712.1

中国国家版本馆 CIP 数据核字第 2025WW9578 号

PUYI YIZONG SHUANGYUAN FENGYUN

出版发行	天津大学出版社
地　　址	天津市卫津路 92 号天津大学内（邮编：300072）
电　　话	发行部：022-27403647
网　　址	www.tjupress.com.cn
印　　刷	廊坊市瑞德印刷有限公司
经　　销	全国各地新华书店
开　　本	787mm × 1092 mm　1/32
印　　张	7
字　　数	137 千
版　　次	2025 年 7 月第 1 版
印　　次	2025 年 7 月第 1 次
定　　价	68.00 元

打卡津城书系

丛书策划：宋昆

溥仪遗踪 双园风云

编著：唐倩

校注：张畅

顾问：李琦琳　郭鸿斌

英文：牌梦迪

摄影（除注明外）：刘悦　安红　何方　何易

鸣谢：天津市军事管制委员会和中共天津市委旧址纪念馆（天津张园）
天津市历史风貌建筑整理有限责任公司（天津静园）
天津市城市规划学会城市影像专业委员会

张园内景

序言
Preface

作为“国家中心城市”与首批五个“国际消费中心城市”之一，天津这座河海交汇处的千年码头，正以文旅融合为引擎，将历史文脉转化为消费动能，以九河下梢的地理基因为脉络，将蓟州长城戍边文化、运河商贸遗存、租界建筑美学、博物珍藏体系、非遗工匠精神与市井饮食哲学熔铸成多维度体验网络。从黄崖关的烽烟到滨海新区的霓虹，从独乐寺的晨钟到相声茶馆的笑声，这座城市以兼容并蓄的姿态，持续书写着传统与现代交融的文旅篇章。

始建于北齐的黄崖关长城，尚保留着明代戚继光重建的空心敌台；太平寨段依稀可见 1900 年抗击八国联军时留下的弹痕；八卦城的迷宫设计为长城孤例；梨木台野长城上，尚未开发的城墙上藤蔓交织，春季山花掩映着敌台残垣。

晨光中的独乐寺观音阁静立如初，建于 984 年的木构撑起 23 米高的信仰空间。站在观音阁的阴影下，抬头望去，16 米高的十一面观音俯视着人间，衣袂垂落如凝固的星河。

南运河、北运河、子牙河汇合而成三岔河口，是为天津城市发源之处。运河遗产廊道中的北运河文化带从三岔河口至武清段，保留了清代漕运码头遗址，沿岸分布 14 处闸坝遗迹。南运河畔的杨柳青古镇有元代会通河故道穿过。杨柳青年画是天津的一张亮丽名片，石家大院与年画作坊构成活态博物馆。

天津的母亲河——海河，是串起城市六百余年记忆的玉带。乘仿古画舫从三岔河口启航，两岸风景如历史长卷徐徐展开。永乐桥，得名于 1404 年朱棣渡河，如今“天津之眼”摩天轮在桥上缓缓旋转；金汤桥，是 1949 年解放天津战役中的胜利会师地；解放桥，每逢节假日灯光秀璀璨夺目，其盛况更胜 1927 年万国桥的车水马龙。

保佑海河上来来往往渔民船夫的天后宫是中国现存较早的妈祖庙，其元代基址与清代大殿共存。每逢天后诞辰，沿河船户、周边信众纷纷到来，各地商贾云集，热闹非凡，这也造就了天津最著名的商业街——宫南、宫北大街（今古文化街）的繁荣。

号称“万国建筑博览苑”的五大道历史文化街区，191.62 公顷内集聚四百余栋“小洋楼”，每栋洋楼都静默如一部立体史书。意风区的马可波罗广场上，和平女神像手握橄榄枝眺望远方，饮冰室见证了梁启超的报国情怀，河北区实验小学教学楼改造而成的钟书阁俨然成为新时期的文化地标。

国家海洋博物馆、天津博物馆、天津自然博物馆、北疆博物院……向人们讲述从远古到未来的沧海桑田。平津战役纪念馆、周恩来邓颖超纪念馆……向人们讲述发生在这里的红色故事。

体验非遗工坊里的手作时光，探寻与杨柳青年画齐名的泥人张彩塑、风筝魏风筝的活态传承密码；天津的相声、鼓曲，汉沽飞镲、庆云高跷、大沽龙灯等传统技艺焕发了新生。它们与独流老醋、沙窝萝卜、小站稻以及天津三绝、津味早点、津菜等舌尖上的非遗，共同构成了传统与现代共生的市井文化。

从蓟州长城到滨海新区，从运河船宴到津塔云端，天津正以文旅为纽带，将国家中心城市的战略使命与国际消费中心的市场活力深度融合。这座城市将六百年的历史厚度转化为消费新场景的广度——在博物馆的智能导览中，在非遗工坊的指尖技艺里，在煎饼馃子的市井烟火间，天津正以古今交融、中西合璧的独特气质，在京津冀协同发展的国家战略中，打造世界级文旅消费目的地。

天津最动人的风景，不在景点名录里，而在那些鲜活的相遇时刻。

带着这套“打卡津城”丛书——从天子渡口到烟火人间的深度行走指南，遇见那个将岁月化作艺术、将日子编织成段子的天津。

2025 年 7 月

张园主楼拱券入口（宋云丽 摄）

目录
Contents

序幕 / 末代皇帝的一天

Prologue / A Day in the Life of the Last Emperor

1929 年的一个冬日清晨，宫岛街（今天津市和平区鞍山道 70 号）上的多数人家还未从睡梦中醒来，而在一座红瓦黄墙的深宅大院中，人们却早已经忙碌了起来，因为这座宅院现在的主人——大清末代皇帝溥仪快要起床了。伺候的太监、值夜的随侍、后院的厨子都各就各位，御医和司机也都警醒起来，皇帝溥仪随时会叫他们过去当差，迟一步可能就要挨板子。

这一日，溥仪醒来时有些头疼，昨晚他做了一个梦，又回到了紫禁城。梦中，大殿上的那些王公大臣影影绰绰，看不清楚面容，但他看见了列祖列宗都站在自己面前，有的怒发冲冠，有的对他垂泪。这是为什么？哦，是了，孙殿英那土匪，竟敢盗掘皇陵。国民政府那帮人办事不力，还未将孙殿英捉拿归案。总有一天，他要手刃此贼，恢复爱新觉罗祖上的荣光。梦中他还看见了庄士敦。庄师傅曾经跟他一起用英文读书，他现在说的英文比那时流利多了。可庄师傅去威海了，上回见到他是在万寿节。他确信下一个节日，庄师傅肯定会来张园看望他。

不对，不是张园了。几个月前他们已迁到了陆宗舆的宅子里。这宅子不错，虽没有张园那么大，但样式很合溥仪的心意。陆家人不像张彪的儿子那样总是催着交租。他老子才殁了多久啊？真是个不肖子孙。不过溥仪觉得原先的名字“乾园”有些张扬，于是就把它改名为“静园”，取“静以养吾浩然之气”之意。前头的院子里已让人修了一块网球场，每天可以和下人

张园、静园所在区域示意图（赵一铭、杜千禧 绘）

溥仪与婉容在静园

打打网球。开春了再给他们找个师傅，让这帮小子练起来，别输得太快。这座西班牙式的房子设计巧妙，门厅里那个鱼形壁泉很是新巧，冬日里前院的大喷泉没法开启，但室内的小壁泉还有潺潺流水，给屋里添一份生气。西跨院也有个壁泉，两边架子上的紫藤让皇后很喜欢，她说等明年春暖花开了，邀请他一同在院子里赏花。

如今，皇后还是和她在张园时一样，住在跟他同一层的东侧，淑妃则住到了书画库旁边。这样也好，文绣性子安静，她可以随时找些书看。可惜这里没有张园那边的戏楼和大平台，想要看戏、放风筝就没那么方便了。溥仪想起以前，婉容曾在张园平台的木屋里招待过西洋女宾。那些金发碧眼的洋太太们都学着皇后的样子，只用三个手指尖捏住小碗，斯文地喝汤，结果全烫了手指头。张园那八楼八底的房子倒是很气派，可住了快五年，处处都该修缮了。平台上总是闯进来老鼠、野猫之类的小动物，弄得警报乱响，怪吓人的。婉容后来也时常缠绵病榻，搬到这边的宅子后好多了。

如此想着，溥仪从床上坐起来。他掀开了床帐，屋里接着电炉子，还算温暖。总管上前服侍他洗漱，小声报告着近日的琐事。溥仪并不耐烦听这些，挥挥手让他照着章程做就是了。洗漱完毕，师傅郑孝胥已经在花厅候着，溥仪传他到书房，继续讲《资治通鉴》。自从去年郑师傅到日本走了一趟，回来讲学时就总会说起他与那边的军部和黑龙会之间的来往，听起来很是心动。郑孝胥已经将他的“列国共管”计划放在一边，一门心思要走日本人的路子。这些老大人们每天在溥仪耳边说的都不一样。溥仪有些举棋不定，他还要再想一想。

已到十一点，溥仪吃了今日的第一餐饭。早膳还是膳房那些人弄出来的老几样，虽比刚到天津时丰盛些，却着实比不上外头那些饭店，更别提起士林了。于是溥仪决定晚餐去起士林用饭，现在虽是冬天，不适合吃他最爱的冰激凌，但那里的罗宋汤很不错，前几日还听说他们研究了一种新甜点，今日也一并尝尝吧。

用完早膳，下头人来请示今日的行止。冬日里没法跑马，打高尔夫、斗蟋蟀、养鱼逗狗等溥仪素日钟爱的活动都不适宜，眼下天津的各大百货商场成为最合适闲逛的地方。溥仪当即决定要去逛街，为自己和婉容买些新鲜玩意儿。出门之前，他想起昨晚的梦，于是回到书房，写了“替天行道”四个字，派人去找万绳栻刻一枚章。此人曾是“辫帅”张勋的参谋长，他定能明白这几个字的用意，孙匪且休得意！

溥仪与婉容收拾停当，乘着汽车出门，副驾驶上依然坐着讨厌的日本“白帽”，不管是保护还是监视，总之没办法摆脱他们。今天还是先到中原公司。他们在这里逛了一个下午，累了就到楼上的餐厅用一些茶点，休息片刻。两人买了洋人的糖

溥仪与婉容

果杂货，还有新到的绸缎、毛料，准备给婉容做几件旗袍和大衣。从瑞士进口的金表让溥仪爱不释手，便也收入囊中。购物之后，手下人说四楼的影戏院昨天新上了一部派拉蒙公司出品的歌舞影片。于是，两人兴致高昂地走进影院。从中原公司出来已是晚上八点，坐上汽车直奔起士林。溥仪如愿以偿地喝到了罗宋汤，婉容更喜欢那道奶油杂拌，还有起士林和巴德两位老板的新创意——一款散发着梅子香气的奶油布丁。更让溥仪惊喜的是，为了让人们在冬日里也能享用冰品，起士林推出了烤冰激凌。这主意真是妙极了！

汽车载着兴高采烈的溥仪和他的皇后，缓缓驶入静园的大门。溥仪被侍从搀扶着走下汽车，从灯红酒绿的花花世界抽离出来，看向这座中西合璧的宅院。从万绳栻家回来的人上前回话：“‘替天行道’四字似有不妥，可否改为‘法天为道’？”溥仪咀嚼着这四个字，高涨在他胸中的热意慢慢冷却。与从前无数个日夜一样，他的内心从未感到真正的平静，“静待时机”才是此园名字的本意。溥仪缓缓吐出一口气，向楼门走去，走进前方未知的终途。

第一章　张园往事

Chapter One: The Past of Zhang Garden

1915 年的天津宫岛街上，一座豪华宅院兴建完成。这座宅院的主人正是晚清重臣张彪，它因主人姓氏被人们称为“张园”（今天津市和平区鞍山道 59 号）。在以后的百余年间，这里接待了很多中国近代史上赫赫有名的人物，留下了不可磨灭的城市印记。

1 / 社交名园

A Renowned Garden for Social Gatherings

张彪，1860 年 12 月出生于山西省榆次县西佐辅村（今西左付村）的一个贫苦农民家庭。他自幼习武，18 岁便考中武举人。张彪生性率直，行侠仗义，一次偶然的机会，他搭救了时任山西巡抚的晚清名臣张之洞。这次相遇，彻底改变了他的命运。张之洞对他赏识有加，并将他带在身边，还将一个干女儿嫁给了他。张彪以绝佳的运气和“裙带关系”作为敲门砖，再加上出众的个人能力，从随从侍卫一路提拔至湖北省提督，成为官居一品的清廷封疆大吏。

张彪

张彪才干出众，能武能文，很快便成为洋务运动的得力干将。他办工业、兴教育、练新军，屡建功绩。1896 年，张之洞奏请清廷编练“新军”。张彪被举荐担任统帅之职，由此成为中国近代陆军的奠基人之一。

张彪成长于新旧思想交替的时代。他既有浓厚的忠君思想，对朝廷感恩戴德，又有革新、改良的倾向，甚至同情革命。辛亥革命爆发时，他曾竭力保全朝廷，但在他所训练的新军中，却有许多人成为革命军的骨干。

辛亥革命后，张彪选择急流勇退。黎元洪任民国大总统时，常邀其出山，但张彪坚辞不受，只接受了“建威将军”这一虚街。后来，他隐居天津，投资兴办实业，而这位清廷重臣最著名的投资便是张园这座“商业综合体”。1915 年，张彪在日租界宫岛街上建造了一座两层的豪华楼房，命名为“平远楼”。1925 年 2 月 27 日，溥仪移居天津，住进张园，一楼前部为客厅及大餐厅，后部为文绣卧室；二楼为溥仪卧室及小客厅；三楼是专为溥仪增建的，有饭厅、书房及游艺室等。这座建筑为西洋古典风格，四周长廊环绕，入口处有十几级台阶，显得庄重而典雅。园中假山、引水池、花木，错落有致，花园取名“露香园”。

平远楼

张园被张彪打造成集住宿、餐饮、表演、娱乐、休闲于一体的，能承办社交娱乐活动的场所。1917 年 7 月 7 日，颇具经商头脑的张彪在《大公报》登载广告，称“露香园”除供自家享用外，还对外出租作为游艺场，门票五角大洋。张彪曾与广东商人彭某签订出租合同，引入多种商业业态。彭某在园内开设了北安利广东餐馆、剧场、曲艺场、露天电影场、台球房等，还利用园内的亭台、假山、荷塘、石桌凳等设施，设立了茶座和冷饮摊。露香园一度成为天津最热闹的露天游乐场，与大罗天、楼外楼、陶园、河北公园、颐园、神仙世界等同为当时津城知名的娱乐场所。陈诵洛在杂文集《今雨谈屑》中回顾：“天津之有夜花园，以新旅社之屋顶花园为滥觞，而张园、陶园、

大罗天、神仙世界接踵而起……”后来，广东商人经营的“天津张园”，属于夏季娱乐场所，其他季节则处于闲置状态。

1929 年，从北京来天津避居于张园四年之久的溥仪迁出后，这里曾经一度恢复为面向大众的游乐场。1930 年 6 月 9 日《大公报》上刊载了一则关于张园的广告，满足了人们对张园院内景象的好奇：

露香园

张园一览记：昔日帝王家，今成娱乐场，偏陪诸君先开眼。日租界宫岛街的张园，不久要改游艺场，前几天曾简单介绍过了，昨天又经过那园，便进去参观一下。

入门经过甬道左边有一段短竹篱，右边是一架葡萄，两旁有夹竹桃等等的花木点缀着，再前行经过疏疏的爬山虎架下，便到园中，园的中央，是“澄心亭”，立在一个洋灰砌的池子里，有木板可达外边，亭子是（有）红色的柱子与蓝色绿色的彩画，有些中国古代建筑的风味。

近来有些游艺场，都喜用类乎这种建筑，作为点缀，例如天祥屋顶上的齐星台，很有些复古的趋势，至于那池子里现在浅浅的有一些水，想过几天会有游鱼往来，或者有芙蓉钻出水面来罢。

南面是一所三层的洋房，最上层有三个小字写着平远楼，大概是从前的住宅，门口有一块写着“誉隆乡国”（的匾），上款是“虎臣先生”，当然是张彪老爷的德政纪念物了，屋里很宽敞，油添（漆）

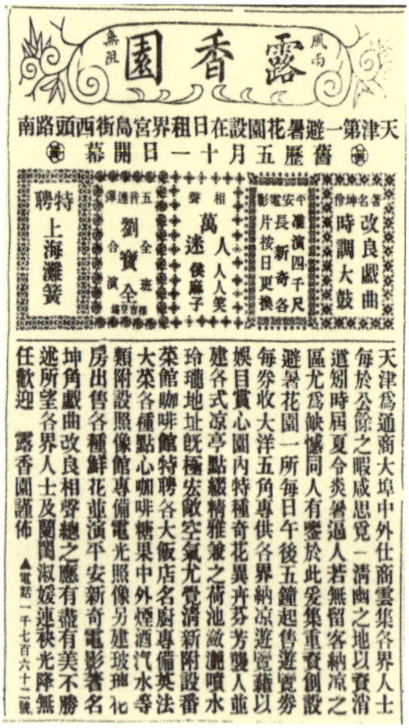

1017年6月20日（农历五月十一日）
《大公报》刊登的露香园广告

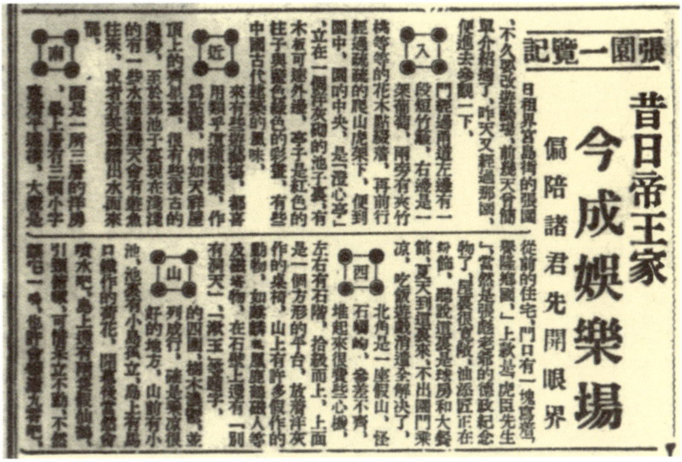
張園一覽記

昔日帝王家 今成娛樂場

偏陪諸君先開眼界

日租界宮島街的張園、不久要改遊藝場、前幾天曾備單介紹過了、昨天又經過那園、便進去參觀一下、

入

門經過甬道左邊有一段短竹籬、右邊是一架葡萄、兩旁有夾竹桃等等的花木點綴着、再前行經過疏疏的爬山虎架下、便到園中、園的中央、是「澄心亭」、立在一個洋灰砌的池子裏、有木板可通外邊、亭子是紅色的柱子與綠色的彩畫、有些中國古代建築的風味、

1930 年 6 月 9 日《大公报》刊登的张园广告

匠正在粉饰，听说这里是球房和大餐馆，夏天到这里来，不出园门乘凉，吃饭游戏消遣全解决了。

西北角是一座假山，怪石嶙峋，参差不齐，堆起来很费些心机，左右有石阶，拾级而上，上面是一个方形的平台，放着洋灰作的桌椅，山上有许多假作的动物，如麒麟凤凰鹿鹤磁人等及磁塔物，在石壁上还有“别有洞天”“漱玉”等题字。

山的四围，树木浓郁，并列成行，确是乘凉很好的地方，山前有小池，池里有小岛孤立，岛上有马口铁作的荷花，开幕后当然会喷水吧，岛上还有两只假仙鹤，引颈俯啄，可惜呆立不动，不然让它一鸣，也许会响彻九霄吧。

张园

2 / 逊帝出逃

The Exile of the Abdicated Emperor

1924 年 11 月，宣统皇帝溥仪被冯玉祥逐出紫禁城，彻底失去优待特权。

溥仪是中国历史上最后一位皇帝。生于风雨飘摇的清朝末年，这注定了他一生经历曲折。他曾三次登上帝位，成为傀儡皇帝，又三次退位。他受过良好的宫廷传统教育，又学习过西方现代文化课程，因此，虽然皇权思想深入骨髓，但他也有爱好新鲜事物、追求自由的心性。

1906 年 2 月 7 日，爱新觉罗 · 溥仪出生于北京醇亲王府。其父为光绪皇帝的亲弟弟载沣，其母为慈禧太后心腹重臣荣禄之女，因深得慈禧宠爱，被赐婚于皇族。光绪帝病重之际，慈禧太后下令将溥仪接入宫中抚养。1908 年 11 月 14 日，光绪帝驾崩，慈禧太后随即颁布懿旨，命溥仪继承皇统，过继于同治帝载淳，兼祧光绪帝，成为清朝历史上罕见的“一人祧两房（同时承担起族中两支的传承责任）”之君。次日，慈禧太后病逝。12 月 2 日，溥仪正式即位，年号“宣统”，由隆裕太后（光绪帝皇后）和摄政王载沣共同辅政。1911 年，辛亥革命爆发，清廷岌岌可危。为稳定局势，清廷起用袁世凯。然而，革命党与清廷之间陷入对峙僵局。孙中山与袁世凯达成协议：若袁世凯能促成溥仪退位，革命党将支持其出任中华民国大总统。袁世凯遂以武力施压，同时以优待条件为诱饵，迫使清帝接受退位。

溥仪（右一）与其父载沣、其弟溥杰合影

溥仪生母瓜尔佳氏（右）

1912 年 2 月 12 日，溥仪颁布退位诏书，宣告清朝统治终结，中国最后一个封建王朝就此落幕。根据袁世凯与革命党达成的《清室优待条件》规定，溥仪得以“暂居宫禁”，保留尊号，并享受每年 400 万两白银的补贴，生活费用由民国政府承担。

1917 年，前清遗臣、因所部军队仍留辫子而被称“辫帅”的张勋，以调解段祺瑞内阁与黎元洪总统府之间的矛盾为名，率定武军 4000 人入京，驱逐黎元洪。7 月 1 日，张勋发动兵变，宣布复辟，年幼的溥仪再度登基，大封群臣。然而，段祺瑞迅速组织讨逆军反击。7 月 12 日，张勋兵败逃入荷兰大使馆，复辟闹剧仅持续 12 天便告终结，溥仪再次退位，仍居住于紫禁城内。

溥仪自小生活在紫禁城里，接受了最为正统和严格的宫廷教育。1912 年 9 月，隆裕太后为溥仪聘请师傅，教授十三经、古诗、古文等传统经典。为了跟上时代的步伐并保持与列强的联系，1919 年 2 月 22 日，清皇室又为溥仪聘请了英国苏格兰籍军官庄士敦担任帝师，教授英文、数学、世界史、地理等西学课程。在庄士敦的影响下，溥仪眼界大开，开始穿西服、剪辫子，并萌生了出洋留学的愿望。失去皇帝身份就意味着失去优待。溥仪身上萌发出的这些新派思想和行为自然遭到陈宝琛、郑孝胥等保守派的强烈反对。溥仪深感自身处境危险，甚至与弟弟溥杰及庄士敦秘密策划逃离紫禁城，但终因王公贵族阻挠

溥仪等人在御花园养性斋留影（右起：润麒、溥杰、庄士敦、溥仪）

溥仪出宫后，由清室善后委员会在养心殿中整理出的故宫物品中有一卷理科挂图。该图由上海商务印书馆出版，共一卷四十八幅，内容包括植物、动物、矿物、自然现象、物理、化学、生理等科目的科普图画，该图或为庄士敦为溥仪授课时所用，现藏于台北故宫博物院。

而未果。不过，溥仪在紫禁城里也没待许久，一场风暴便席卷而来。

1924 年（民国十三年）11 月，直系军阀冯玉祥趁第二次直奉战争之机发动北京政变，他们囚禁贿选总统曹锟，掌控了北京政权。然而，冯玉祥很快陷入旧势力的包围，革命举措举步维艰。为了防止再次发生清廷复辟、开历史倒车的闹剧，11

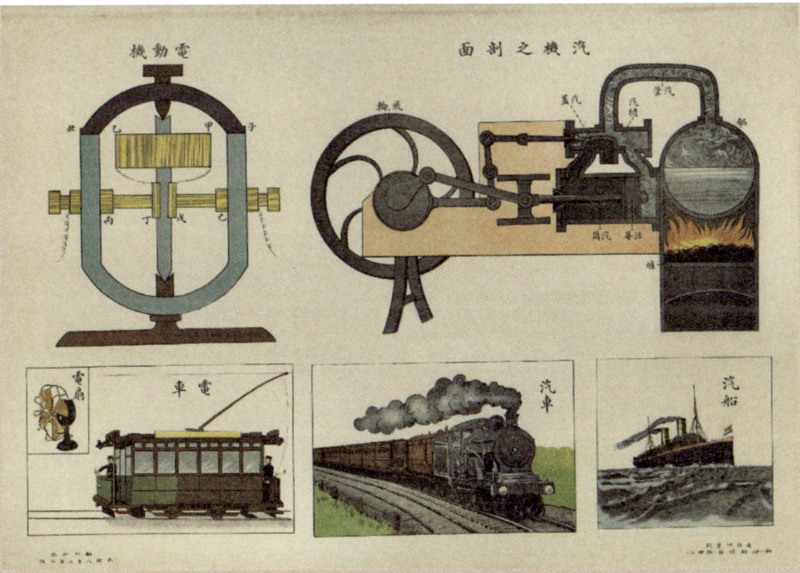

理科挂图

月 5 日，冯玉祥派鹿钟麟率兵进入紫禁城，逼迫溥仪离宫，并没收大量宫中财物。经反复协商未果，溥仪及其后妃在仓促中迁出故宫，暂居醇王府。在王府中的溥仪失去了严密的保护，终日惶惶不安。身边的亲信都认为北京的政治局势变幻莫测，溥仪已经不适合再待下去了，应该到天津避避风头。于是，庄士敦等人制订了一个详细的出逃计划。为了不暴露身份，他们先对溥仪进行“特训”，让从不为钱费心的小皇帝学会了花钱和讲价，让满口宫廷用语的溥仪学会了市井中人的说话方式，免得他与外面的人打交道时露出破绽。11 月 29 日，溥仪悄悄溜出醇亲王府，逃入日本公使馆寻求庇护。日本媒体对此大肆渲染，为日后建立一个日本控制的伪满洲国造势。不久，溥仪一行被日本人护送至天津日租界，为其后第三次登基成为傀儡皇帝埋下伏笔。

20 世纪初，在列强瓜分的浪潮中，天津被迫划出九国租界。1898 年，天津日租界正式设立，由最初的沼泽地逐渐发展成一片楼房林立、人口稠密之域。从日本人对这片地区的介绍中，我们可以一窥当年的景象——日租界中最为繁华的是旭街（今和平路），各种中外店铺鳞次栉比，电车、人马络绎不绝，被誉为日租界之银座街。寿街（今兴安路）和旭街相差无几，各种日本商店林立，和宫岛街同为租界中之另一繁荣区域。张园便矗立在这片灯红酒绿的城中之城。

溥仪等人在露香园

1925 年初春，溥仪来到天津，栖身于此，选中了东侧房间作为卧室。为了迎接溥仪，张彪在平远楼上加盖一层，增加了客厅、书房和游艺室，摆上了时髦的台球桌。他将园子无偿献予“皇上”，自己更是日日早起，亲自执起扫帚洒扫庭院，以尽侍奉之责。

张园内景

张彪为溥仪在张园置办的开伦台球桌。开伦台球起源于法国，后在日本、韩国十分盛行，其最大特色是所用的球台没有球袋，以球杆击球得分

溥仪选择在农历二月二“龙抬头”之日入住张园，期盼有朝一日能重振大清雄风。自此，溥仪在那里居住了四年多的时间。在张园，溥仪一方面积极拉拢军阀、收买政客，另一方面任用外籍顾问，奔走于列强之间，试图借助各方力量恢复帝制。这位末代君主在门外高悬“清室驻天津办事处”匾额，复辟的阴谋如影随形，遗老们的马蹄袖在彩釉地砖上投下扭曲的暗影。

在天津的租界生活中，溥仪受到列强的礼遇，似乎重新找回了昔日做清朝皇帝的感觉。在外国势力的庇护下，他不仅恢复了“皇帝”的称号，还享有特殊待遇。各国领事、驻军司令均以“皇帝”尊称他。每逢溥仪生日，这些外国官员都会亲临祝贺；而在各国国庆等重大节日，溥仪也常受邀出席庆典。一些仅对外国人开放的场所也为他敞开大门，使他得以充分享受“特殊华人”的殊荣与优越感。在溥仪心中，维持甚至超越现有的生活状态，唯有通过恢复其帝位才能实现。这种心态在其日益强烈的复辟思想中不断发酵，进一步推动了他的复辟活动。

1926 年 6 月，英国庚子赔款委员会委员长、后任加拿大总督的威灵顿专程到天津张园拜访溥仪。此次会面中，溥仪与“皇后”婉容、英文教师庄士敦一同合影留念。照片背景为张园的主楼与凉亭，由当时在天津开设照相馆的日本著名摄影师山本赞七郎拍摄。这幅照片后来刊登于 1926 年 10 月 30 日的《北洋画报》头版，成为溥仪在天津租界生活的重要历史见证。

溥仪和婉容在张园的庭院内会见加拿大总督威灵顿（右一）及其夫人（中），庄士敦（左一）陪同

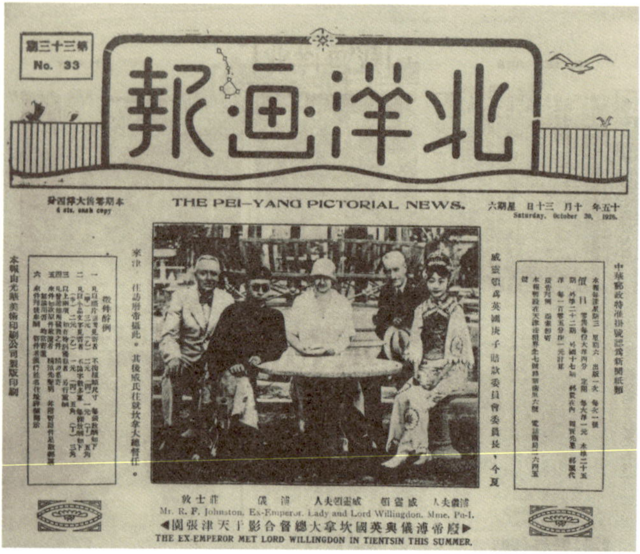
第三十三期
No. 33
北洋画報
本期零售大洋四分
4 cts. each copy
THE PEI-YANG PICTORIAL NEWS.
十五年十月三十日 星期六
Saturday, October 30, 1926.
威靈頓爲英國庚子賠款委員會委員長，今夏來津往訪溥帝攝此。其後威氏往就坎拿大總督任。
莊士敦　溥儀　威靈頓夫人　威靈頓　溥儀夫人
Mr. R. F. Johnston, Ex-Emperor, Lady and Lord Willingdon, Mme. Pu-I.
◀廢帝溥儀與英國坎拿大總督合影于天津張園▶
THE EX-EMPEROR MET LORD WILLINGDON IN TIENTSIN THIS SUMMER.

1926 年 10 月 30 日《北洋画报》头版

不过，溥仪毕竟是逊帝，没有实权。1927 年张彪去世后，其后人遗产不丰，开始向溥仪要求增加房租，溥仪心中十分不悦。加之张园年久失修，又曾发生火灾，于是他决定迁居他处。

第二章 短暂逃离囚笼的岁月

Chapter Two: Fleeting Years of Escape from the Cage

末代皇帝溥仪的前半生，几乎都是在北洋军阀的权谋游戏中辗转流离。1924 年 11 月，冯玉祥突然包围紫禁城，并勒令“宣统皇帝”于数小时内撤离这片曾经象征至高皇权的宫殿。溥仪与王公大臣们惊慌失措，四顾茫然，最终在孤立无援之下，只能匆匆打点行装，仓皇逃离。随后的日子里，溥仪在北京醇亲王府与日本公使馆短暂栖身。他仿佛一只脱了壳的寄居蟹，急于寻找新的避难所，最终，他想到了一个能打动日本公使的计划，即东渡日本。于是，日本公使派遣专人护送溥仪去往天津。

1925 年初，溥仪乔装打扮后来到天津日租界。这一天是农历二月初二，俗称“龙抬头”。溥仪和后妃、太监、随侍、御医等三十多人择居于日租界宫岛街的张园。消息不胫而走，那些散布四方的前清遗老旧臣如同倦鸟归巢，纷纷前来投靠。在他们的煽动下，溥仪心中复辟的火焰被再次点燃。他决定在张园这片新的土地上，重启小朝廷，继续追寻“复号还宫”的遥远梦想。张园自此成了溥仪在天津的“行在”（指皇帝所在之地，或专指皇帝巡行所到之地），承载着他对过往的眷恋与对未来的憧憬。天津一时间成为各路投机分子的乐园。他们怀揣着各自的算计，企图借助溥仪的幻想实现个人的野心，而溥仪对几乎所有的到访者都来者不拒，在四年多后搬到了静园依然如此。张园与静园一同见证了这位末代皇帝在流亡岁月中的妄想与挣扎，也记录了那个时代的人性百态。

1 / “龙归”动人心

"The Emperor's Restoration" Stirs Hearts

帝梦未醒的溥仪在张园设立了“清室驻天津办事处”，他仿佛置身于一座孤岛，倔强地坚守着最后的皇室尊严。张园内，四季更迭，花木扶疏，却掩盖不住那股暗流涌动。罗振玉、郑孝胥、贝勒载涛等一班遗老遗少，每日必至，他们身着长袍马褂，步履匆匆，脸上写满了对往昔岁月的怀念与对今日现状的不甘。年近八旬的末代帝师陈宝琛，为了追随心中的“天子”，更是把家也搬到了天津，以其京津两地的人脉四处奔走，不遗余力地为溥仪的复辟大计筹谋策划。

文人的愚忠

支持溥仪复辟的自然不只他的亲师故旧，守旧文人们也怀揣着“忠君爱国”的理想，眷恋着旧主，其中最为著名的两位当属“康圣人”康有为与国学大师王国维。

世人皆知康有为乃清末维新变法的领袖，却鲜有人知他还有过一段“宰相梦”。早在1917年张勋复辟期间，康有为就赶到北京，与张勋一拍即合，并被封为弼德院副院长兼太傅。作为曾经的维新派领袖，康有为认为自己完全有资格担任这个堪比宰相的重要职位。毕竟，他曾是光绪皇帝的老师，在朝野上下都有一定的威望。他起草复辟诏书，提出“虚君共和”的构想，即皇帝作为名义元首，实际权力归于议会。随着张勋的

康有为

复辟大业在短短 12 天后宣告失败，康有为的这场准宰相美梦也瞬间破碎。但他“保皇”的志向未曾改变，溥仪在张园设立“行在”之后，康有为两年内三次到此“觐见”，可以说他的晚年就是在心系溥仪的日子里度过的，虽然他的忠诚更多指向“皇统”而非溥仪本人。

1925 年 3 月 3 日晚间，康有为抵达天津。当晚，他不顾舟车劳顿，风尘仆仆地前往张园“觐见天颜”，并对溥仪施三跪九叩大礼，俨然当年觐见光绪帝一般。随后，君臣互诉衷肠。康有为谏言溥仪，须得“进德、修业、亲贤、远佞”。溥仪十分感慨，赞之忠心可嘉。这次见面很快为外界所知，引发了舆论的轩然大波。《白话强国报》《益世报》《东方时报》等各大报刊纷纷发声，指责康有为倒行逆施，此行意在为溥仪寻求复辟之路，更有激进之声高呼：“圣人不死，大乱不止！”各社会团体亦行动起来，呼吁对溥仪、康有为等人的行动进行严密监视。而实际上，康有为本人并未在天津久留，更未深度介入溥仪的日常事务。他很快就回到了青岛，1925 年的剩余时间都在青岛、杭州与上海的几处居所度过。虽然本人并不常到天津，但康有为不时会指示其学生徐勤的儿子徐良拜访张园。徐良被称为康氏“小门人”，毕业于日本学习院，回国后成为康有为与溥仪之间的桥梁。双方交往密切，仅 1926 年一年，徐良就被溥仪召见十余次。

虽不在“御前”，康有为依然将襄助溥仪“复号还宫”作为自己的政治目标。他深知，仅凭笔墨难以撼动政权，于是将希望寄托于手握重兵的军阀吴佩孚身上。1926 年 7 月 12 日，他致电吴佩孚，恳请其助力溥仪重返京城，恢复昔日优待。但吴佩孚顾虑重重，深知复辟之说不切实际，未予应允。康有为并未因此气馁，他挥毫泼墨，写下洋洋洒洒的长信，痛斥冯玉祥，分析欧美政局，最后得出“只有溥仪才能救中国”的结论。康有为恳请吴佩孚起兵讨伐冯玉祥，以实现其心中的复辟美梦。这封信极大地鼓舞了张园的溥仪及其旧部。他们推举代表与吴佩孚交涉，并致电康有为令其入津，负责与吴佩孚谈判。康有为满怀希望地应召而来，9 月 3 日至 15 日，溥仪在张园连续召见康有为。而后，康氏入京为复辟做最后的奋斗，结果却无功而返。几个月后，吴佩孚被北伐军打得丢盔卸甲逃往汉口，康有为最终还是押错了注。

1927 年 2 月，已是风烛残年的康有为最后一次到天津为溥仪庆祝生辰。这次拜会也被记录在溥仪的外国帝师庄士敦所撰写的回忆录《紫禁城的黄昏》（高伯雨译注本，2019 年版）中：

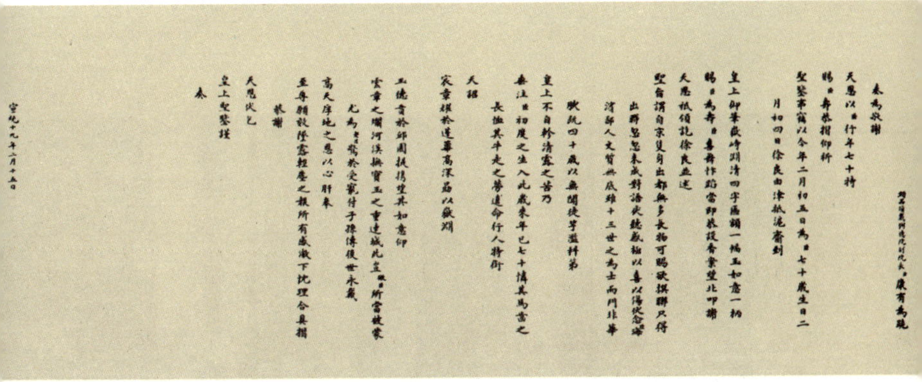

臣康有為跪
奏為叩謝
天恩以臣行年七十特
賜臣壽恭摺仰祈
聖鑒事竊以今年二月初五日為臣七十歲生日二
月初四日徐良由津抵滬齎到
皇上御筆岳峙淵清四字匾額一幅玉如意一柄
賜臣為壽臣當即恭設香案望北叩謝
天恩祗領訖徐良並述
聖諭謂自京變自出都無多長物可賜欽撰聯尺得
出群恐恐未成對語以姚敷極以喜以傷伏念臣
滄部人文質無底雖十三世之為士而門非華
胄就四十歲以無聞使孚溢料第
皇上不自矜清密之苦乃
垂注臣初度之生入此歲來年已七十清其馬齒之
長憫其半丈之勞遣命行人特街
天語
宸章銀於蓮華高深岳以嶽淵
玉德貴於卻圍抉揚璧共如意仰
宸章之瀾河洪擬寶玉之重連城此豈臣所當被蒙
尤為臣臣驚於受寵付子孫傳彼世永藏
高天厚地之恩以心肝奉
聖身頂被隆露糧塵之報所有感激下忱理合具摺
叩謝
天恩伏乞
皇上聖鑒謹
奏
宣統十九年二月十五日

1927 年 3 月 18 日，康有为呈溥仪的奏折，因溥仪赐予他“岳峙渊清”匾额而谢恩，12 天后康有为病逝

“清晨，康有为在他的忠实弟子徐良的陪同下前来访我，我们就皇帝的过去、现在和将来的问题交谈了很长时间，嗣后一起到皇帝在日租界的寓所张园去祝寿。皇帝热情地欢迎我们，当这位老人跪在他面前叩头时，皇帝连忙从座位上站起，拍了拍老人的肩膀让他坐下。这以后我就再也没有看到过康有为了。”

不到两个月后，康有为在青岛的宅邸中病逝。其弟子徐良专程前往张园，向溥仪求赐谥号。就在此时，陈宝琛提出康有为曾经主张“保中国不保大清”，且忤逆过慈禧太后，最终溥仪拒绝了赐谥。对于晚年始终为复辟而奔走的康有为来说，他终是因为戊戌变法而得不到清朝遗老遗少的“原谅”。保皇“文圣”悲哉！

就在康有为去世后不久，1927 年 6 月 2 日，国学大师王

万寿节典礼后，溥仪、婉容与中外来宾在张园合影

国维自沉于北京颐和园昆明湖中，他也是旗帜鲜明的保皇复辟派。王国维最初得到国学大家罗振玉的赏识，加入其举办的上海东文学社，其后二人相交莫逆，共同研究甲骨、金石等学问，王国维还在罗振玉资助下赴日本留学。溥仪大婚后，召集了一批颇具才干的“股肱之臣”，罗、王二人均在其中。王国维对溥仪十分忠心，经常呈递奏折为其出谋划策。溥仪也投桃报李，任命其为“南书房行走”，还赐予他在紫禁城内骑马的殊荣。

在溥仪被冯玉祥赶出皇宫后，王国维几度想要投河自尽，均被其家人拦下。溥仪来到天津后，王国维也时时关注着他“行在”里的动向。溥仪在张园的几次生辰，王国维与各处遗老一样，都曾来此拜寿。王国维本来已经应蔡元培的盛情邀请，同意担任北京大学国学系的导师，却因为溥仪，决意与北大脱离关系。因为溥仪出宫后还要摆出皇帝架子，一度经济十分拮据，需要依靠变卖财物来维持生计。例如，他曾多次将宫中珍藏的书画、古玩等物品拿出去抵押或变卖，以获取资金。北大考古学会随即发表《保存大宫山古迹宣言》，指责清皇室出卖产业，散失文物。王国维对此十分不满，愤而与北大决裂。

恰逢 1925 年清华国学研究院成立，胡适提议礼聘王国维为导师。王国维一开始只答应考虑一下，并没有立即接受。后来胡适想到一个办法，即由溥仪下一纸“诏书”，王先生便不好推辞了。庄士敦在《紫禁城的黄昏》中对此事有如下说明：

王国维（左）与罗振玉

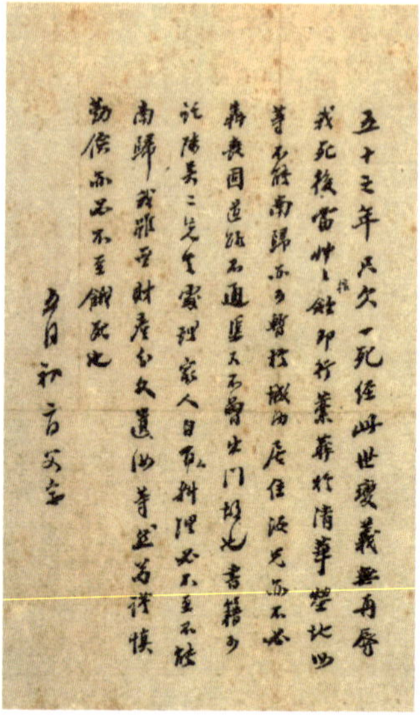

五十之年只欠一死經此世變義無再辱
我死後當草草棺斂即行藁葬於清華塋地汝
等不能南歸亦可暫於城內居住汝兄亦不必
奔喪因道路不通渠又不曾出門故也書籍可
託陳吳二先生處理家人自有人料理必不至不能
南歸我雖無財產分文遺汝等然苟謹慎
勤儉亦必不至餓死也
五月初二日父字

王国维遗书

“自从逊帝逃入日本公使馆之后，王国维忠心耿耿，不愿离开他的皇上。他本是个穷书生，自然要找生活。国立清华大学便请他担任史学教授，这个职位对他是最适当不过的，他本也乐意接受，但他又不愿在这个时期舍弃他那个在‘蒙尘’中的皇上而去。清华的校长和我是相识的，他写信给我，他说，只有一人可以使王国维前来就职，就是逊帝，请我对逊帝说一下，可否由逊帝叫他去教书，让莘莘学子受惠。我便把这个情形对逊帝说了，结果是逊帝一开口，王国维奉命唯谨。”

此后，虽有了经济来源，王国维却因时局动荡总是郁郁寡欢，最终在颐和园结束了自己的生命。关于他的自杀，人们所知的只有一份交代后事的遗嘱，其真实原因，虽有诸多猜测，却无从考证。在他去世后，昔日师友罗振玉伤心不已，让其子罗福葆模仿王国维的笔迹写了一封遗折，内中表示了怀恋旧日故主，愿以身殉清之意。溥仪看过大受感动，为王国维赐谥号“忠悫”，并给予财物赏赐。至于“殉清”一说，虽出自罗振玉笔下，却并无实证。不过这位国学大师对清廷的忠心，确是无可辩驳的。罗振玉对亡友一生行事评价道：“公少负才气，有不可一世之概。”

军阀的算计

溥仪被赶出紫禁城之后，跟随他的主要是遗老遗少和朝廷旧臣，这些人有的文章经世，有的交友广阔，有的忠心不二，他们可以为溥仪出主意、写文章、提供服务，但他们当中没有人掌握溥仪实现“复号还宫”梦想最为关键的一点，那就是兵权。急于笼络军权的溥仪接触了大大小小各类军阀，有些曾带给他短暂的希望，有些却骗走他大量的金钱。由于军阀混战不断，这些军阀很快就自顾不暇，最终溥仪和他破碎的复辟梦想依然留在原地。

奉系大军阀张作霖与清廷的关系一直不错。他年轻时当过土匪，后来归顺了朝廷，也一步步得到提拔。但在1917年张勋复辟时，张作霖先是作壁上观，后又借机扩大自己的势力，成为名副其实的“东北王”。张作霖要利用“宣统皇帝”的影响力为其在当地的统治背书，因此明面上对皇室及溥仪颇为恭敬，还想把自己的女儿嫁入宫中，被拒绝后也没有动怒，还在溥仪大婚时进献了一万元银币。此后，张作霖的女儿出嫁，溥仪也礼尚往来，给张作霖和其女都送去了厚礼。

1925年6月，张作霖派亲信阎泽溥赴张园，送给溥仪十万银币，还邀请溥仪到他在天津的住处、姻亲曹锟的曹家花园见面。溥仪身边的师傅们都认为皇帝登门拜访有失身份，况且张作霖住在租界之外，溥仪的安全难以保证，因此反对溥仪与张作霖会面。但是第二天夜里，阎泽溥再次来到张园，这次溥仪被婉容的父亲荣源说服，登上了去往曹家花园的汽车。

溥仪下车后，被人领着向一个灯火辉煌的大厅走去。

张作霖迎面而来，他毫不迟疑地走到溥仪面前磕了一个头。同时粗声粗气地说了声：“皇上好！”

溥仪略有吃惊，心中颇有些感动，赶忙向前搀起他说：“上将军好！上将军请起。”

溥仪与张作霖在一个圆桌前面对面坐下，张作霖一支接一支地抽着纸烟。

张作霖说："皇上来天津这么些日子，住得还习惯吧？俺老张本应前往觐见，但是皇上住在租界，出入多有不便，没去给皇上请安，还望皇上多多包涵。"

"上将军客气了，我在天津住得还可以。"

"唉！都是那冯玉祥浑蛋，把皇上从宫中撵出来，他冯玉祥不就是为了多捞些宫中宝物吗？就少唱些高调，俺老张就把奉天的宫殿保护得很好。"

张作霖

天津曹家花园原为清末买办孙仲英的私家园林，1906年转售直系军阀曹锟后扩建，成为北洋时期天津首屈一指的私家园林。曹锟下野后，奉系军阀张作霖占据此地，改称“张大帅公馆”。园内日新堂因1924年孙中山与张作霖的会谈而闻名，溥仪也曾来此拜访。张作霖常驻期间，这里成为奉系军阀掌控京津的政治中心。军阀撤走后，此地被改造为“天津第一公园”，现为拥军花园。

“早就知道上将军非常注意保护我大清的文化和国家珍宝，奉天的宗庙陵寝和宫殿保护得就非常好。上将军的心意，我是明白的，忠心可嘉，可嘉！”

“皇上不该在俺老张带兵到了北京之后，还向日本使馆里跑，俺老张有足够力量保护皇上，看谁敢动皇上？”

“上将军对我的惦念，我完全知道，当时因为冯玉祥军队还在，实是不得已才进了日本使馆的。”

“皇上要是乐意，到咱奉天去，奉天是大清龙兴之地，皇上可以重返奉天皇宫，住在宫殿里，有我在，怎么都行。”

奉天皇宫！溥仪一听这四个字，心中就升起对爱新觉罗祖宗的无限敬仰。

“上将军真是太好了……”

溥仪离开时，张作霖把他送上车，大声对溥仪说：“要是日本小鬼子欺侮了你，你就告诉我，我会收拾他们！”

“谢谢上将军。”

很快，这次会面的消息泄露，日本华北驻屯军提出了抗议，因为溥仪私自出了租界没有通知他们。日方表示，今后再有类似活动必须事先通告，否则不能保证“皇上”的安全。溥仪寄托在张作霖身上的“龙归”美梦注定无法实现，因为日本人不会允许无法掌控的张作霖借助溥仪稳定东北局势。1928 年 6 月 4 日，日军在沈阳皇姑屯车站策划了一场爆炸，张作霖当场重伤，不治身亡。

虽然皇帝被赶出了皇宫，但张作霖这样的大军阀都给溥仪磕了头，于是许多奉系将领和其他军阀也纷纷与溥仪取得联系。其中，留下诸多“经典”诗作的张宗昌，是与溥仪来往最为密切的军阀之一。

张宗昌出生于山东，后来到东北投奔张作霖，是张作霖麾下“五虎上将”之一。后世对张宗昌最熟悉的恐怕就是他满嘴脏话、女人无数和常作歪诗了。这样一个不知道自己手下有多少兵、不知道自己口袋里有多少钱、不知道身边有多少位姨太太的“三不知”将军，曾多次在张园与溥仪见面。比起张作霖与溥仪有来有往的交情，张宗昌显然现实得多，也狡猾得多。

早在溥仪离开紫禁城、寓居醇王府之际，张宗昌便秘密潜入，对溥仪表达同情，并誓言效忠。身处困境的溥仪，当然会被张宗昌的忠诚所打动。移居天津后，张宗昌更是成了张园的常客。他每次到访张园，都会与溥仪谈至深夜。张宗昌多次写信给溥仪，发誓“矢忠清室”，而这些信件往往都在他战败缺钱时寄出。他总爱夸大自己的军事实力，声称恢复清室“实非难事”，并暗示胜利在即，只待溥仪给予资金支持。为了拉拢张宗昌，溥仪慷慨解囊，甚至在信中称赞他，希望他“建此伟大功业，挽中国之既危”。张宗昌则回信表明决心：“此间仍积极筹备，不敢疏懈一息，尚存誓与赤逆不共戴天之心。”

张宗昌

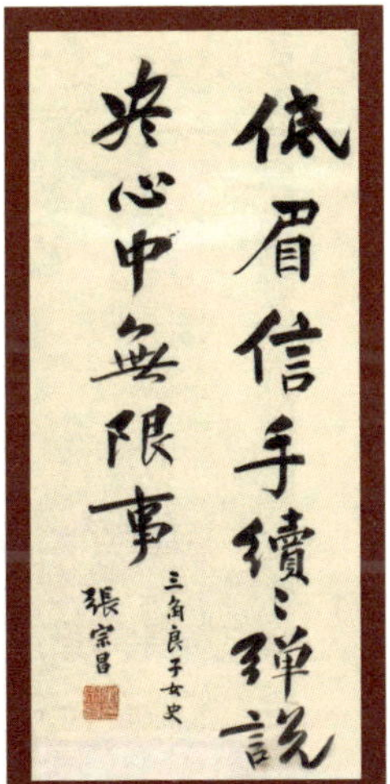

张宗昌手稿

张宗昌在军阀混战中的每一次胜利，都让溥仪看到复辟的希望。溥仪对张宗昌寄予厚望，随着张宗昌一次次战斗，无论输赢，溥仪的大量金钱都会流入他的腰包。张宗昌最终失败后，连溥仪自己都记不清到底给了他多少钱。

1932 年，经军阀石友三牵线，张宗昌、韩复榘、于学忠结为盟兄弟。张宗昌以大哥自居，对韩复榘说:“俺的许多老部下散驻在山东各处，俺只要去招呼一下，立即可以汇合成一支队伍！”这番话却让韩复榘心生警惕，他已掌控山东，担心张宗昌会威胁自己的统治。于是，1932 年 9 月 3 日，张宗昌在山东济南车站准备返回北平时，被韩复榘派人刺杀。溥仪的金钱与希望再次付诸东流。

文人与军阀都无法实现溥仪复辟的野心，让他渐渐将希望寄托在日本人身上，由此，以土肥原贤二为首的特务们精心编织的伪满皇帝谎言，好似沾了蜜糖的蛛丝一般将溥仪越缠越紧，让他再也无法逃脱。

张园内景

2 / 都市迷人眼

The City's
Dazzling Glamour

20 世纪 20 年代的天津已是一座繁华的国际都市。这里有规模可观、建设得宜的英、法、德、日等国租界，既有外国的市政厅、社交俱乐部、教堂和修道院，又有网球、曲棍球、板球、高尔夫球、划艇俱乐部，以及专供外国人使用的游泳馆和跑马场。遗老遗少极力追随，军阀政客来往密切，还有英、法、德、日等国的头面人物着意奉承，溥仪一面沉醉在新潮的生活方式中，一面进行着各类复辟活动。没有了紫禁城的深宫高墙，却还有着万岁爷的一应排场，在天津的七年是溥仪一生中难得的自在时光。

宴会、运动、购物、餐饮，天津五光十色的现代化生活对自幼长在深宫的溥仪来说充满诱惑，令他流连忘返。来自西洋的汽车、家具、名表、钢琴让他爱不释手，西装、猎装、运动服代替了传统的长袍马褂，舞会、晚宴、阅兵典礼代替了无趣的教习讲学，火腿、面包、奶油、冰激凌代替了限制严格的宫廷餐饮。不过，无论西洋还是东洋，都拒绝他以“国君”的身份入境，于是从天津码头出洋留学的计划就这样搁浅了。溥仪倒也不难过，每天头戴礼帽，手拄“文明棍”，身穿燕尾服，四处游逛，很是自在。他是在天津做寓公的废帝，虽没有皇帝的名号，但好处是，有皇帝的排场、皇帝的享受，更有作为皇帝时没有的自由。

溥仪虽然一直住在日本租界，但同样与天津的美、英、法、

溥仪坐在“文明棍”上

赛马场

乡谊俱乐部

德、意等国领事或驻军司令关系密切。他常能收到这些人发来的邀请函，请他出席各类娱乐活动。每到这时，溥仪就带着婉容打扮一番，盛装莅临。在这些场合中，他能够享受各路人马的瞩目和礼遇，不禁陶陶然乐在其中。

皇后婉容的少女时代就是在天津度过的，此番故地重游，她自然如鱼得水。所有租界里的西洋玩意儿都是溥仪和婉容惬意的消遣。外国商场中五光十色的商品让溥仪着迷，他们逛遍了天津知名的百货公司，如惠罗、正昌、中原、义利，购置了大量的西洋奢侈品。他还经常与婉容到处游玩，出入万国赛马会、西湖饭店舞厅等众多游乐场所，他们在电影院、咖啡馆、夜总会等各色娱乐场所，尽情地吃喝玩乐。

在盛夏的日子里，每隔一两天，溥仪和婉容便会乘坐汽车外出游览。途中，他们会在起士林餐厅、利顺德饭店等处稍作停留，品尝冰激凌、刨冰、奶油栗子粉等各式冷饮，或是前往西餐厅享受美食。当年生活在天津的英国人布莱恩·鲍尔回忆，溥仪、婉容刚走到起士林饭店的旋转门外，起士林的两位老板飞速跑去迎接，鞠躬行礼。虽然溥仪已经逊位了，他俩还是殷勤引路，用流利的中国话致欢迎词："皇帝陛下光临，敝店不胜荣幸！"厅堂里的食客们也起身鼓掌，很多中国人兴奋地呼叫："皇上！万岁爷！"起士林的厨师甚至被特别邀请到张园，为溥仪烹制西餐。利顺德饭店更是为溥仪精心烹制了银鱼、紫

婉容与溥仪

天津起士林饭店是中国最早的西餐馆之一，始建于1901年，由德国厨师阿尔伯特·起士林创办，并以其名字命名。起士林饭店最初位于天津法租界，后迁至德租界，主营德式西餐和西点，迅速成为天津餐饮界的标志性场所。起士林以其正宗的西餐、精美的西点和优雅的环境闻名，曾接待过诸多外国政要。饭店经营德、俄、英、法、意五国风味的西餐和西点，是天津乃至全国西餐文化的代表。

老起士林饭店制作的宫廷式蛋糕

起士林饭店今景

利顺德饭店今景

天津利顺德饭店始建于1863年，是中国历史上第一家涉外饭店。它坐落于天津海河河畔，建筑风格独特，融合了英国古典和欧洲中世纪田园建筑的特点，是国家重点文物保护单位。利顺德的名称来自“利顺以德”，意为唯以品德为本，才能求利求顺。自建成之日起，利顺德饭店就因其优越的环境，成为政治活动的首选之地，见证了众多历史时刻，接待过众多中外名人。

利顺德饭店内景

蟹、河蚌、野兔、山鸡等本地特产和山珍海味，有时则是火腿、面包等西式餐点，作为他的“御膳”。餐后，溥仪还常与婉容等人在利顺德的大宴会厅参加歌舞盛宴。夫妇二人很快便成为天津社交界备受瞩目的风云人物。利顺德大饭店二楼宴会厅曾经悬挂过溥仪与婉容翩翩起舞的巨幅画像。

溥仪颇爱运动，溜冰、跳舞、网球、高尔夫都是他喜爱的项目。此外，他也热衷于斗蟋蟀、跑马遛狗、养鱼弄石，各类声色玩乐不一而足。溥仪爱养狗是很出名的，还在皇宫时，他就让人养了一批批名犬。到了天津，这个爱好不仅被他保留下来，还带动了婉容和文绣。曾有英国人伍德黑德这样描述溥仪养狗：张园就像个“小狗的乐园”，溥仪饲养了许多狗，他特别喜欢一对儿面目丑陋的英国种獒犬，名叫“蓬多先生和蓬多太太”。婉容也养了许多狮子狗，她和她的仆人对狮子狗宠得发狂，但不大懂得训练之道，大狗小狗总是叫个不停。文绣也被感染，单独养了几只小狗。张园虽大，十几只甚至几十只狗养在一起，恐怕

溥仪与爱犬

溥仪在静园打高尔夫球

也称得上真正的“鸡飞狗跳”了。

出于西方世界一贯的猎奇心态，末代皇帝在天津的一举一动都深受外国记者关注。出入张园的记者往来不绝，美国福克斯电影公司还曾到张园为溥仪拍摄生活纪录短片。这也是个新鲜事物，溥仪虽爱好拍照，但对摄影的流程却不熟悉，拍摄过程磕磕绊绊。有一幕是拍摄溥仪步出张园的洋房，快步向石头假山走去，回头向臣下们摆手说：“快来！”因为是有声电影，接着还应该多说几句话，溥仪这时不知说什么好，只能停下来向摄影师求助。拍摄者的回答很有意思：“随便！我给其他重要人士拍电影，他一出门就向侍从们喊，唉，你们快扫地！总之，随便说几句就行。”这才解了围。

福克斯公司为溥仪拍摄纪录短片

3 / 赏罚随人意
Rewards and Punishments at His Whim

溥仪寓居天津后，跟随他的人除了妻妾家眷、遗老帝师这些地位较高的人，自然也少不了随从护卫、厨师奴仆等下人。这些人不仅负责溥仪的生活琐事，保障他的人身安全，还不得不充当溥仪发泄情绪的对象。他们眼中见到的，不是皇权威仪、持重有礼的溥仪，也不是与婉容言笑晏晏、风度翩翩的溥仪，更多时候是敏感多疑、没有常性，甚至残忍暴戾的溥仪。

皇帝欠薪，溥仪讨债

溥仪搬到天津的前两年，经济拮据，连手下人的工资也发不出来。随侍的月薪只有 17 元，还要从中拿出 6 元给厨房作为伙食费。薪水发不出，伙食费自然也拿不出来，只能由厨房拆东墙补西墙凑出一些来，因此溥仪的仆从们伙食标准都很低。1928 年之后，经济状况有所好转，月薪不再拖欠，但仆从若要给家中寄钱，也是剩不下什么的。溥仪的“行在”之内各类仪式很多，对仆从的服装鞋帽等也有一定要求，有些随侍只能自掏腰包满足要求，有的甚至要借高利贷度日。军阀孙殿英盗掘了乾隆和慈禧的陵墓后，溥仪气愤至极，在张园前厅设立灵堂，每天上香祭拜，而且规定下人们一律着素服，凡是进入灵堂的人必须穿清朝高靴。随侍李国雄为买一双这样的靴子借了 7 元钱，借款一年时间就利滚利到了 200 多元，只能停了给家中寄的家用，才勉强还上高利贷。

当然，如果一直被拖欠工资或入不敷出，溥仪就留不下什么人了，因而他时不时给下人些恩惠。在溥仪搬到静园以后，经济状况好转，随侍们的月薪也由 17 元涨到了 28 元，按当时的生活水平，可以养活四五口人的家庭。溥仪还规定手下人不许购买当时发行的各类彩票，并为他们每人在天津的日本横滨正金银行存了一千元的本金，允许他们使用这些钱的利息。这本是好事，既保证了手下的生活，又使他们免于沉迷博彩而倾家荡产，但溥仪在训话中透露出的态度值得玩味。他说：“你们的一切事情都必须依靠我，用钱也要依靠我！”可见他为人存钱更多的还是出于对手下的掌控欲。而这些钱由大总管佟济煦办理，一开始随侍们还能按时收到利息，后来连本带利不知中饱了谁的私囊。

在个人财产上，溥仪的管理颇为混乱，不仅手下人会挖他的墙脚，他自己也经常被遗老遗少、军阀政客以各种名目讨要“赏赐”“军费”。当时各类报纸上经常刊登各种真真假假的“溥仪受骗记”。要说对溥仪财富影响较大的一桩事，就是银行倒闭、闹上法庭的兴业银行债务案。当时，天津兴业银行的股东都是北洋政商界的高层人物：股东陈光远是天津武清人，曾担任江西督军；股东龚心湛担任过民国内阁总理；股东王廷桢是大直沽人，曾是长江巡阅副使……末代皇帝和民国军阀都

原横滨正金银行

到天津做下野寓公，投资实业、入股银行，由此发生商业纠纷，自然颇有看点。于是，这个案件轰动一时。这起案件经过了完整的诉讼程序，最后，天津地方法院做出了判决，溥仪完胜。

兴业银行的注册资金号称 200 万元，实际股金只有 50 万元，却以高利率吸引官僚、军阀前来投资。溥仪经人介绍，以“浩然堂”的名义于 1928 年 10 月 18 日在天津兴业银行存款 8 万元，同月 19 日再存款 1 万元。随后，兴业银行未换领新营业执照，抵押放款也未收回，其间大股东陈光远因故无心经营。1929 年经董事会及股东研究，决定于 7 月 1 日停止营业，成立清理处，办理清算事务。溥仪得知消息后，立即到兴业银行提取存款。1929 年 3 月 22 日，银行答应先偿还 13000 元，余下欠款分年偿还，遭到溥仪拒绝。1929 年 10 月，溥仪委托律师，向天津地方法院起诉，要求天津兴业银行股东陈光远、龚心湛等偿还存款。

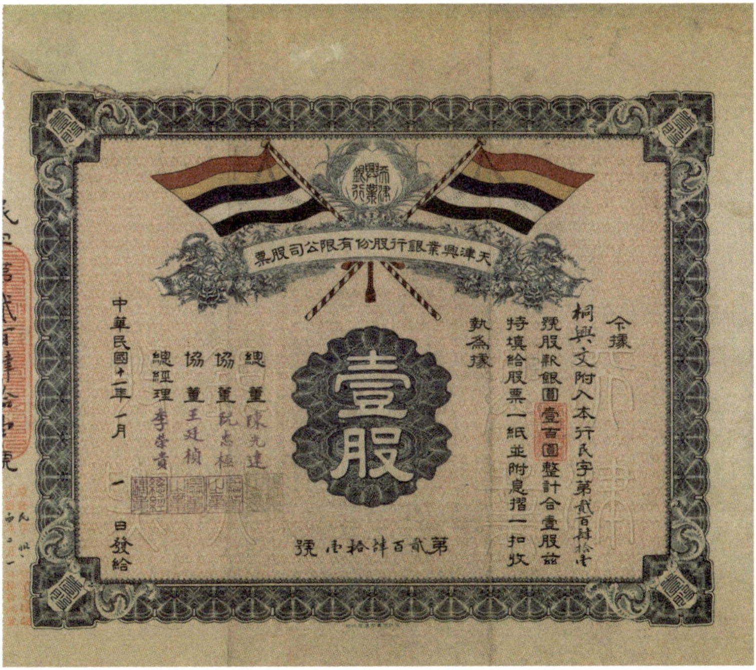

1922 年天津兴业银行股份有限公司股票

案件的焦点在于银行股东是否需承担连带责任。股东代理人称银行合法独立，应由银行偿还。银行则称资金紧张，并提议分期还款。1929 年，天津地方法院作出的“民国十八年地字第八五九号民事判决”写明：被告兴业银行应偿还 9 万元及利息，若财产不足，则由股东陈光远等 13 人共同承担连带责任。这意味着，若银行无法偿还，13 位股东需共同补足差额。同时，法院认为银行未证明其合法注册，故视为合伙团体，股东需按合伙条例共同偿还。这一判决原则和现在的法律相差不大。此后，天津兴业银行股东、军阀倪嗣冲之子倪道杰与陈光远先后提出上诉。倪道杰提出，他于 1927 年和 1928 年将股票转让，已经失去董事资格，自己与本案无关。陈光远提出，银行系合法注册股份公司，按规定，有限公司欠债，只就自身财产清偿，股东不负责任。溥仪随即委托律师进行抗辩。1930 年，河北省高等法院接受控辩双方的陈述，审理后维持原判。虽然原告是溥仪这样的“名人”，但从整个审理过程看，其判决有理有据，客观公允。

规则随心，处罚随性

溥仪住在天津日租界内，日本警察以“安全保障”为由，时时监视他的各项行动。溥仪生性敏感，十分缺乏安全感，对

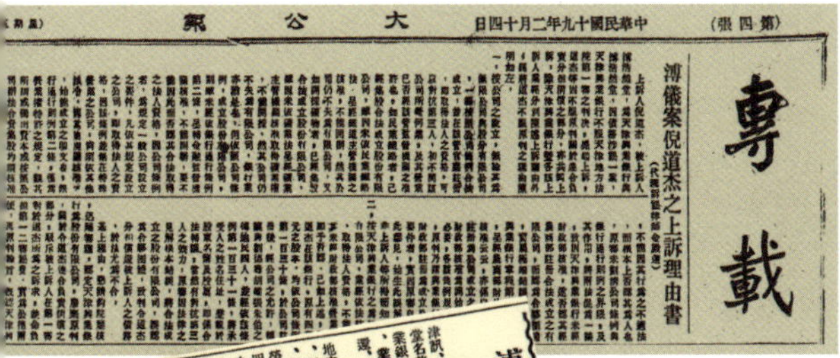

1930 年 2 月 14 日，《大公报》刊登《溥仪案倪道杰之上诉理由书》

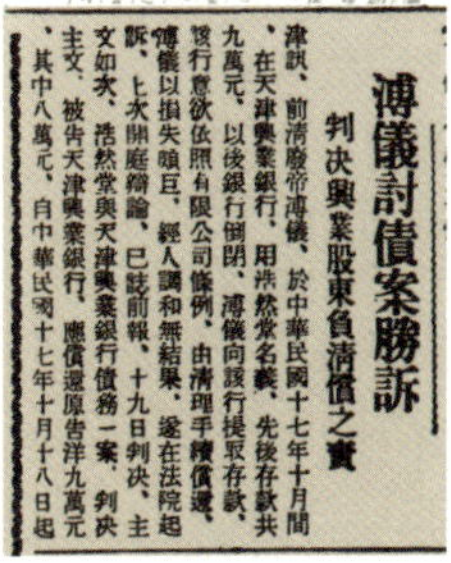

1929 年 10 月 24 日，《时报》刊登《溥仪讨债案胜诉》

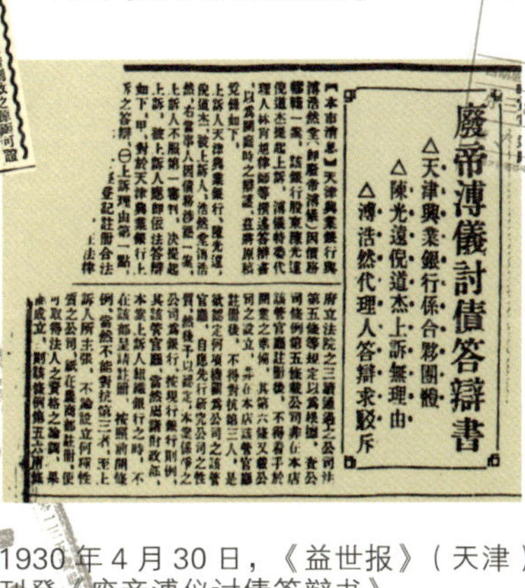

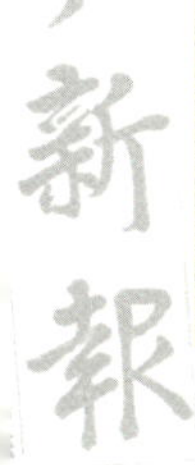

1929 年 10 月 21 日，《时事新报》刊登《溥仪胜诉》

1930 年 4 月 30 日，《益世报》（天津）刊登《废帝溥仪讨债答辩书》

住处的门卫事宜十分看重，曾连续颁发谕旨，严禁园子里的下人在夜间外出。发出指令后，他还会亲自检查。有一次发现深夜有人出入后大怒，处罚了园中的大总管佟济煦和护军队长索玉山，再次发出亲笔手谕申明此事，亲书“戒条”并加盖手章，作为夜间的出入凭证。条子上写着：“所有张园内仆役一切人等，于夜间由十时至早五时出门，非经盖此章不得放出。”对张园内的护军，溥仪还另外定了四条规定：护军按时站岗，不能空误；夜间十点锁门，非因公事不能出入；物品出入严密检查；如有事、病均须请假。对于违反规则的护卫，先由护军队长与总管佟济煦商量提出处罚方案，再奏报溥仪定夺。

1927 年 12 月间，溥仪给在张园的几名随侍规定了“守则”，内容相当严苛，如：不准与外人来往；不准结交朋友；不准随便外出；随侍之间不准私自交谈；不准袒护别人；不准有事不报告……这些规定一共三四十条，堪称没有人性。但即使不违反规定，惹了溥仪不高兴，随侍也要受罚。

正值严冬的一天，溥仪起床后感到头疼，认为是一名随侍掀起床帐，用屋里的电炉子帮他取暖所致。于是，他让人将那名随侍摁在电炉旁，烤得人满头大汗，头发脱落。

溥仪刚从张园搬到静园时，生活仍处于忙乱失序的状态。婉容住在主楼二层东侧，文绣住在小楼，主楼大部分房间归溥仪使用。由于房间多且摆满家具，溥仪习惯随意脱衣、乱扔东

溥仪与弟妹们在张园的合影

溥仪

西，随侍们也随手安放物品，导致到处杂乱无章。溥仪的衣物皮件分散各处，有时他索要某物，随侍却找不到，不知是谁放在哪个房间了。为此，溥仪亲自给随侍、司房等人写下分工：“个人所专管之物类，由今日起分别清楚。清理后，如要物品时不得延耽，必须立时拿出，若推不知，定受重责一百板，轻者三十板。尚有未记账（室中所陈列者），均即日记账，分别何类，奏明管理。”溥仪还命人按其亲笔稿，油印若干份，人手一份，让人每日必读两次，以保证严格奉行。

溥仪与溥杰

在天津的“行在”里，溥仪对仆人的态度还如往日在皇宫中一般无二，想打就打、想骂就骂。当然，惩处下人，他一般不亲自动手，都是指使手下人行刑。有时是打板子，有时用马鞭抽打大腿，这些处罚都是几下就能让人皮开肉绽。溥仪自己动手的时候，就是扇人嘴巴，巴掌一下下落到脸上，既是惩罚，也是羞辱，而且绝不许人躲开，只能生受着。

除了这几种常见的处罚，溥仪还会用各种稀奇古怪的方法折磨他人取乐。一天，溥仪买来一件约 15 厘米长的木制带盖小匣，里面装有线圈和干电池等。木匣引出两根线，分别连接在两个木柄上，木柄另一端各有一根金属管。这原本是一种电疗器，治疗时患者需双手握住金属管，通电后双臂会不由自主地抽动。溥仪觉得有趣，便想找人试验。他站在张园二楼走廊上，招呼随侍握住金属管。随侍们不明所以，刚握住管子，溥仪便打开电开关。随侍的双臂立刻抽动，无法控制。溥仪站在一旁大乐，直到乐够了才关闭开关，让随侍恢复一下。不久，溥仪又购买了一种更高级的电疗器，通电后玻璃管发出蓝紫色亮光。另一端的金属管也带电，握住后身体带电，再用手触碰他人，有时会爆出电火花。溥仪买这玩意儿不为治病，只为取乐，常让下人们持玻璃管或金属管互相指点，看到谁爆出电火花，他便哈哈大笑。

跟随溥仪从皇宫出来的人，大多没有敢忤逆他的念头。就

张园

算从紫禁城被赶出来，那也是他们的“万岁爷”。但在长期的欺侮和压迫之下，有的人也会反抗。有一位名叫黄九奎的司机，平时很和气老实。有一天，溥仪一脸怒气地由车库出来，边走边嚷嚷：“这还了得，非打他不可！”站在车库院里的黄九奎，也冲着溥仪的方向大声喊叫：“这不行！我不干了！一没犯法，二没犯规，凭什么打人？这回没完！谁再敢打我，我就打他！”旁边的人劝他：“这又何必呢？犯不上啊！”“我们伺候人的总是容忍，可他下次打你会比这次还厉害。不行！说啥也不能在这儿干了。”黄九奎大声嚷嚷，溥仪定然听得见，但这次他却忍住没再去打人。原来，这件事就是由溥仪无缘无故扇了黄九奎几个巴掌引起的。第二天，黄九奎卷起行李，带了个人的零用物品，连句告辞的话也不说，径自出园回北京去了。对此溥仪也毫无办法。他如今不过是一名寓公，连出入租界的自由都掌握在日本人手中，除了耍耍嘴上的威风、欺压折磨身边人，他又能怎样呢？

第三章　万难静心的静园

Chapter Three: The Restless Jing Garden

在与张园相隔不过百步的静园中，溥仪开启了另一段寓公人生。静园最初名为“乾园”，是北洋要员陆宗舆修建的宅邸，它始建于 1921 年，位于原日租界宫岛街。溥仪携皇后婉容、淑妃文绣迁居于此后，将其改名“静园”。这是一组近代各国租界里常见的、融东西方元素于一体的混合型庭院式建筑群，是近代庭院式私人宅邸的典型代表。

1 / 汉奸园主陆宗舆

The Garden Owner Labelled as
a "Traitor": Lu Zongyu

静园的建造者及第一任主人陆宗舆，曾任驻日公使，在五四运动中与曹汝霖、章宗祥一起被称为卖国贼。陆宗舆生于1876年，浙江海宁人，早年远赴日本求学，于1899年自费进入早稻田大学，专攻政经学科，1902年学成归国后，进入清政府任职，曾任警官学堂教习，后任巡警部主事。随着清末预备立宪的逐步推进，1905年12月，清政府派载泽等五大臣出国考察宪政。因有留学背景，陆宗舆被选中担任参赞，随团游历日本、美国、英国、法国、德国和俄国，积累了很多外交经验。回国后，1907年他被提拔任奉天洋务局总办，兼管东三省盐务。1910年，清政府正式成立资政院，他被选为资政院议员。资政院是中国历史上第一次出现的具有议会性质的机构。不过，虽然按照规定有“议决预算、决算、税法、公债，定法典及弹劾行政大臣之权”，但其决议之内容必须“具奏请旨裁夺”，经批准后方可施行，所以实质上是清政府的御用工具。他这个议员头衔也没有什么实际价值。1911年他出任交通银行协理、印铸局局长。武昌起义时，清政府任命袁世凯为内阁总理，陆宗舆代理副大臣。袁世凯窃取中华民国临时大总统职位后，陆宗舆担任了总统府的财政顾问，成为袁世凯政权的重要成员之一。

在袁世凯政府里，陆宗舆是亲日派的代表人物。1913年，他被袁世凯任命为驻日全权公使。1915年5月，中国与日本

静园内景

签订了严重损害中国主权的“二十一条”，他于6月8日在东京与日本换文批准，由此背负上卖国贼的恶名。尽管成为国人唾弃的对象，陆宗舆并未停止其在日本的政治活动，继续积极争取日本内阁对袁世凯称帝的支持。袁世凯去世后，他于1917年1月出任交通银行总理，8月任所谓中日合办中华汇业银行总经理。在段祺瑞的指使下，他继续出卖国家主权，多次向日本借款。1918年陆宗舆任北洋政府币制局总裁。1919

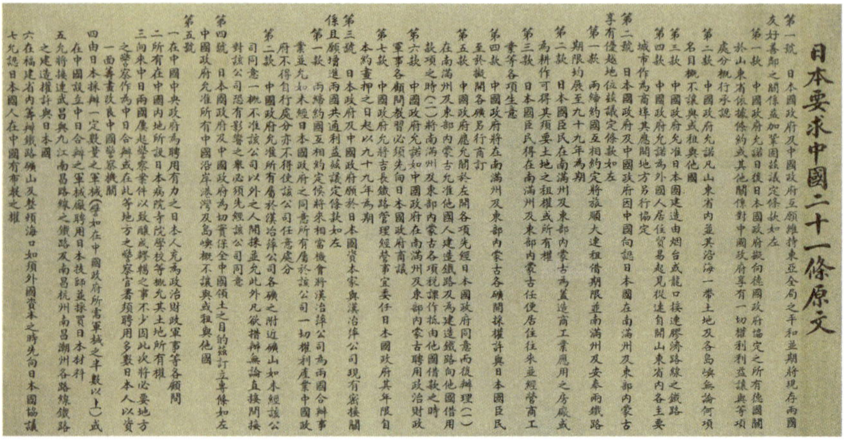

日本要求中國二十一條原文

第一號　日本國政府及中國政府互願維持東亞全局之平和並期將現存兩國
友好善鄰之關係益加鞏固茲議定條款如左
第一款　中國政府允諾日後日本國政府擬向德國政府協定之所有德國關
於山東省依據條約或其他關係對中國政府享有一切權利利益讓與等項
處分概行承認
第二款　中國政府允諾凡山東省內並其沿海一帶土地及各島嶼無論何項
名目概不讓與或租與他國
第三款　中國政府允准日本國建造由烟台或龍口接連膠濟路線之鐵路
第四款　中國政府允諾為外國人居住貿易起見從速自開山東省內各主要
城市作為商埠其應開地方另行協定
第二號　日本國政府及中國政府因中國向認日本國在南滿州及東部內蒙古
享有優越地位茲議定條款如左
第一款　兩締約國互相約定將旅順大連租借期限並南滿州及安奉兩鐵路
期限均展至九十九年為期
第二款　日本國臣民在南滿州及東部內蒙古為蓋造商工業應用之房廠或
為耕作可得其須要土地之租權或所有權
第三款　日本國臣民得在南滿州及東部內蒙古任便居住往來並經營商工
業等各項生意
第四款　中國政府將在南滿州及東部內蒙古各礦開採權許與日本國臣民
至於擬開各礦另行商訂
第五款　中國政府應允關於左開各項先經日本國政府同意而後辦理(一)
在南滿州及東部內蒙古允准他國人建造鐵路及為建造鐵路向他國借用
款項之時(二)將南滿州及東部內蒙古各項稅課作抵由他國借款之時
第六款　中國政府允諾如中國政府在南滿州及東部內蒙古聘用政治財政
軍事各顧問教習必須先向日本國政府商議
第七款　中國政府允將吉長鐵路管理經營事宜委任日本國政府其年限自
本約畫押之日起以九十九年為期
第三號　日本政府及中國政府願於日本國資本家與漢冶萍公司現有密接關
係且願增進兩國共通利益茲議定條款如左
第一款　兩締約國互相約定俟將來相當機會將漢冶萍公司作為兩國合辦事
業並允如未經日本國政府之同意所有屬於該公司一切權利產業中國政
府不得自行處分亦不得使該公司任意處分
第二款　中國政府允准所有屬於漢冶萍公司各礦之附近礦山如未經該公
司同意一概不准該公司以外之人開採並允此外凡欲措辦無論直接間接
對該公司恐有影響之舉必須先經該公司同意
第四號　日本國政府及中國政府為切實保全中國領土之目的茲訂立專條如左
中國政府允准所有中國沿岸港灣及島嶼概不讓與或租與他國
第五號
一在中國中央政府為聘用有力之日本人充為政治財政軍事等各顧問
二所有在中國內地所設日本病院寺院學校等概允其土地所有權
三向來中日兩國屢起警察案件以致釀成轇轕之事不少因此次將必要地方
之警察作為中日合辦或在此等地方之警察官署須聘用多數日本人以資
一面籌畫改良中國警察機關
四由日本採辦一定數量之軍械(譬如在中國政府所需軍械之半數以上)或
在中國設立中日合辦之軍械廠聘用日本技師並採買日本材料
五允將接連武昌與九江南昌路線之鐵路及南昌杭州南昌潮州各路線鐵路
之建造權許與日本國
六在福建省內籌辦鐵路礦山及整頓海口如須外國資本之時先向日本國協議
七允認日本國人在中國有布教之權

日本要求中国二十一条原文

年五四运动爆发，学生们的抗议浪潮席卷全国。他们高呼“内惩国贼，外争主权”的口号，矛头直指陆宗舆、章宗祥、曹汝霖三人。在巨大的舆论压力下，北洋政府不得不于 6 月 10 日下令将陆宗舆等人免职。

免职后的陆宗舆避往天津日租界经商，过起了寓公的生活。在津期间，他也并未完全脱离政治，1925 年一度出任段祺瑞临时执政参政院参政。抗日战争时期，他在华北沦陷后移居北平。1940 年，他被汪伪国民政府聘为行政院顾问，继续其汉奸生涯。一年后，他病死于北平。可以说，这个汉奸至死也没有悔悟。

2 / 东西合璧的“静心”之所

A Tranquil Retreat Blending Eastern and Western Styles

陆宗舆来津后，开始着手为自己建安乐窝。1921 年，他在日租界的核心区域建起了一座占地面积约 3089 平方米、建筑面积约 1784 平方米的宅院，取名“乾园”。1927 年 7 月 9 日，清逊帝溥仪由张园搬到这里，便将“乾园”改名为“静园”。

静园的建筑群由主楼、花厅、佣人房和附属用房组成。建筑群以主楼为中心，通过游廊将各个功能空间有机连接，形成了三环套月式的结构，有前院、后院和西跨院三道风格迥异的院落空间，它们功能不同又相互交融。整体建筑为折中主义风格，以西班牙殖民地风格为主，同时融入了日式元素。

主楼是静园的核心建筑，采用二层砖木结构，局部三层。其设计巧妙融合了东西方建筑元素：外檐采用浅黄色手工粗砂墙面，搭配红色大筒瓦屋顶，形成了鲜明的视觉特征，令人仿佛置身伊比利亚半岛上热烈的阳光下；连续拱券造型、马赛克装饰、壁泉和彩色玻璃等细节，无不彰显着西班牙建筑的独特风情；西半部采用西班牙风格的拱券外廊和木柱外廊，东半部则将西班牙风格拱形外窗与日式封闭檐窗完美结合。中西合璧的混搭风格在天津近代建筑中颇为常见，但这种日式和西班牙风格的结合则十分罕见。

主楼局部设地下室，一楼设有大餐厅、小餐厅、会议室、会客室和一间卧室，二楼为主人书房、寝室以及祠堂，有木楼梯两部。室内装饰同样精彩纷呈：木制护墙板、屋顶天花等采用了日式风格，而螺旋柱、壁炉等装饰则带有明显的西方特色。特别值得一提的是，议事厅的天花抹灰工艺和装饰性木构件的人字纹饰，展现了精湛的工艺水平。水泥拉毛外墙、铁制窗护栏、门厅琉缸砖下碱等细节处理，无不体现着“工艺美术运动”的设计理念。特别是室内壁泉镶小马赛克工艺，将装饰艺术风格发挥得淋漓尽致。作为砖木结构建筑，又历经多次地震，静园的承重结构保存完好。木屋架、砖墙、木龙骨等均为原物，木制雨篷、护墙板、天花等装饰物也大多保存完好，见证了近百年的历史变迁。

溥仪迁入静园后，他的卧室和书房设在二楼，以西式风格为主，装饰简约而不失考究，体现了溥仪不凡的生活品位。婉容的书房与卧室也在二楼，明亮宽敞，装饰风格与婉容所受的西式教育背景相契合，展现了她在天津的自由生活。文绣的卧室则设在一楼，只有一间，陈设相对简朴，反映了其在静园期间的孤独与压抑。二楼还有一间供奉清室列祖列宗画像的奉先堂，溥仪规定自他以下人等，必须按照“清代列祖列宗诞忌日表”准时祭拜，耗费了大量的物力与财力。

主楼面向的前院开阔大气，西侧花厅通过游廊与主楼相连。游廊长 17 米、宽 1.5 米，采用砖砌连券廊壁和木构屋顶，既起到了连接作用，又划分出了西跨院的空间。花厅为单层平房，采用坡屋顶、红色大筒瓦屋面，平面方正，室内层高达 3.2 米，

静园

一楼门厅入口

一楼门厅

一楼壁泉

溥仪书房

婉容书房

溥仪卧室

婉容卧室

是举办小型聚会、招待宾客的主要场所。前院以喷泉为中心，沿着附属平房和院墙种植了杨树、槐树、丁香树等植物，并设有藤萝架、葡萄架和荷花池，营造出清雅素净的氛围。前院东侧沿围墙建有门卫室、汽车库、厨房等附属用房，从正门延伸至后院。附属用房均为单层砖木结构坡屋面房屋，同样采用红色大筒瓦。后院狭长、空间封闭，通过主楼东山墙处的拱廊与前院分隔，院内有一座二层的佣人房，外立面、屋面与主楼和

西跨院

花厅一致，呈现出统一的风格。西跨院则是最具特色的空间，院内设有鳌鱼形喷泉和藤萝架，假山点缀其间，营造出静谧雅致的氛围，这里曾是溥仪最喜爱的“静心”之所。

静园的大门深受日式风格影响，在造型上采用了较为简洁的线条，没有过多繁复的装饰，体现出一种内敛的美感。门楼的整体比例协调，给人一种稳重而优雅的感觉。建筑大量使用木结构，尤其是门框和门扇部分，选用了优质的木材，质感与

静园大门

颜色自然和谐。静园门楼的屋顶采用了日式建筑中常见的坡屋顶形式，坡度平缓，线条流畅。这种屋顶设计不仅美观，还能够有效排水。门框和门扇上雕刻有简单的几何图案或自然纹样，设计上注重与周围环境的融合。门楼前的空间布局和植被搭配，营造出一种宁静、雅致的氛围。

静园的建筑价值不仅体现在其独特的风格融合上，更在于它完美地平衡了东西方建筑元素。西方建筑的华丽繁复与东方建筑的清雅含蓄在这里和谐共存，细节处理精妙绝伦，既优雅、不落俗套，又令人精神愉悦、放松。它不仅是一座建筑，更是一件艺术品，是研究近代建筑东西方艺术交融发展的珍贵样本。

3 / 静园不静，妃子革命

The Unquiet Garden: A Consort's Revolt

溥仪搬进乾园之后，将此园的名称改为“静园”，取“静以养吾浩然之气”之意。进入静园，议事厅门前悬挂着遗臣袁大化书写的对联“静坐观众妙，端居味天和”。这副对联是晚清文学家张应昌集李白与朱熹二人的诗句而成，本意为平心静气地参悟体味天人合一的境界，这里更深含“静观变化”“静待时机”的意味。不知不得不屈身蛰伏于此但内心深处渴望恢复皇权的溥仪，在日日与这副对联相对之时，能否获得一丝内心的平静？从一篇溥仪在此居住期间写下的短文来看，答案恐怕是否定的。

凡不世出之英雄，必有神化不测之能，岂碌碌凡儒所堪褒贬？！盖非常之变，犹须非常之人，行以非常处置。英断豪迈，阔达宏度，八方同仁，至公忘己，生死成败之区区，岂足论哉？岂可限哉？噫，虽无知音，宁销我志，求吾之所安浩气而已。

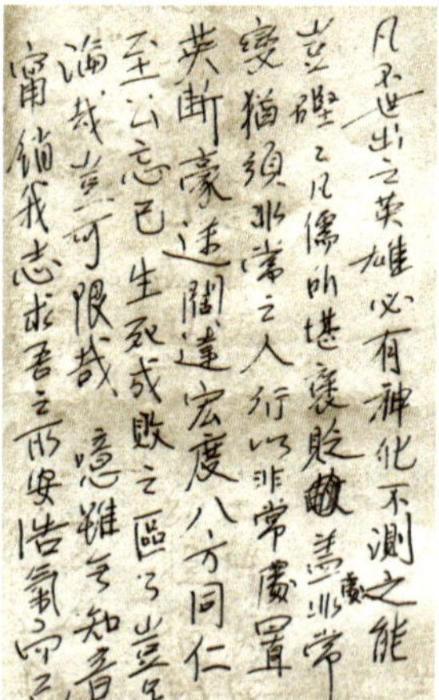

溥仪在静园期间写下的短文

在静园，溥仪过着与在张园一般无二的生活，谋划复辟和吃喝玩乐构

荣源（婉容父亲，后排右四）接见到静园演出的“小人国”杂技演员

袁大化是晚清最后一任新疆巡抚。他就任巡抚不到两年，溥仪宣布退位。袁大化坚决不向革命党妥协，组织军队在新疆到处捕杀革命党，还扬言要进京勤王。革命军控制新疆后，袁大化蛰居天津。张勋复辟时，曾授他“议政大臣”之位。伪满洲国成立后，日本关东军遣人邀袁大化去长春，袁大化以“一臣不事二主”拒之。1935 年，袁大化于天津去世。

原议事厅门前悬挂着对联“静坐观众妙，端居味天和”

成了他的两大生活重心。各路报纸也对溥仪的寓公生活多有关注，连溥仪学习网球、练习滑冰等小事也时常见报。《时报》就登载过溥仪学网球一事，称溥仪由张园移居静园后，活动范围比之前小了一些，经济也略微宽裕。他每日除了研究英语、日语，对体育尤其感兴趣，派人专门聘请网球名手林宝华为导师，让林宝华每周一、三、五前往静园指导自己练习。林宝华 1906 年出生于澳大利亚，其父曾在澳政府外务部任职翻译，家庭环境优越。1927 年，他在澳大利亚网球公开赛上杀入男单八强，这一成绩在当时已十分惊人。1928 年，他回到中国，

溥仪打网球

溥仪与网球明星林宝华（前排左三）等在静园合影

加入了中华民国国籍，经常与张学良等社会名流一起打球，并将天津四大买办之一梁炎卿的两个女儿梁佩瑜、梁佩瑶培养成全国冠军，还娶了梁佩瑜为妻。林宝华由于自幼在澳大利亚长大，不会中文，而溥仪的英语非常流利，因此在担任溥仪教练兼球友期间，两人的交流主要用英语进行。溥仪与黎元洪、张学良、梁炎卿合称天津四大网球发烧友，其痴迷程度可见一斑。

出了紫禁城的皇帝甚至成为记者们揶揄的对象。《新闻报》在提到溥仪练习滑冰一事时，用“我国第一无聊人溥仪氏”称之，说他“蛰居津门，除闭门读书以外，雅好运动，如打网球、驾自行车等，莫不精娴”。“近日隆冬严寒，滑冰一道，应时风行，平津等处具有设备完美之冰场……（溥仪）为时风所激动，亦复积极练习，特（于静园）辟筑一小范围之滑冰场，并请谙于此道之日本人池田氏担任指导。听闻已运转自如，不复有倾仆之虞矣。”可见溥仪在运动玩乐上还是有一定天赋的。依照随侍李国雄的说法，对于各类时兴的东西，溥仪秉持着这样的想法：世间存在的东西我就要有，别人会玩的我都要试试。这样的想法十分符合他末代皇帝的身份。

诸如此类赶时髦的行为溥仪还有不少。据《益世报》所载，当时天津的华美、公兴存这两家烟行为了开拓销路，卖烟时会赠予抽奖券，头等奖是一辆汽车。身在张园的溥仪有一日拿到了这两家商铺的促销传单，就派了两名仆从到卖烟的铺子询问。店铺中人为他们详细讲解了抽奖规则，仆从们还看了店铺橱窗里的二等奖钻石戒指、三等奖白金手表。之后，溥仪还专门派人去法租界参观那辆作为一等奖的大汽车。后来溥仪买烟获得多张奖券，身边的遗老遗少知道了，纷纷投其所好，送来奖券奉承他。最终开奖后，却未见报纸对溥仪得奖的报道，想来末代皇帝在此事上也少了些运气。

溥仪迁入后不久，静园表面平静的生活被一桩官司打破，仿佛一块巨石投入了平静的池塘。搬入静园后，婉容和文绣的

溥儀學網球

聘林寶華爲導師

廢帝溥儀、蟄居天津、已有數載、月前有人傳說、已前赴大小、及經調查、並無其事、乃係由張園移居靜園、範圍較前縮小、經費略爲寬裕、每日除研究英日文字外、對於體育一道、尤感興趣、近曾派人聘請網球名手林寶華爲導師 聞林對溥之演習網球、擬定每星期一三五三日前往指導云、

1930 年 12 月 16 日，《时报》刊登《溥仪学网球》

◉清遜帝購烟贈彩之趣聞

本埠華美公興存兩烟行、自舉行購烟投票、選舉贈彩以來、引起一般紳商頭子之注意、寄居張園之溥儀先生、見該烟行等所發之傳單、即派僕役二人、至日界旭街美德成烟行、詢問贈彩之手續、旋由該烟行詳爲解釋並請二人參觀贈品。計第二獎值洋五百元之上好鑽石戒指一枚、及第三獎值洋二百五十元之白金手表一只。（該二獎現均陳列於美德成烟行玻璃窗內）並聞又派人至法界參觀第一獎值洋三千八百元之大汽車云。又數日來華美公興存兩烟行、檢查所取之票紙、已有大書「清遜帝溥儀先生」之票紙多張、傳聞遜帝之友、及前清遺老、多有爲溥儀先生投票者、將來期滿之後、萬人注意之大汽車、或將爲先生得去、亦未可知云、

1925 年 10 月 4 日，《益世报》（天津）刊登《清逊帝购烟赠彩之趣闻》

溥儀練習滑冰

（徐尚周自津寄）

我國第一無聊人溥儀氏、蟄居津門、不預外事、除杜門讀書而外、雅好運動、如打網球、習自行車等、莫不精嫻、近者隆多嚴寒、滑冰一道、應時風行、平津等處、俱有設備完美之冰場、以供青年男女、携手馳騁之需要、此公爲時風所激動、亦復積極練習、特於日租界宮島街、陸宗輿之邸、闢築一小範圍之滑冰場、並請諳於此道之日人池田氏擔任指導、聞已運轉自如、不復有傾仆之嘆矣、（却酬）

1930 年 1 月 6 日，《新闻报》刊登《溥仪练习滑冰》

矛盾越来越深。溥仪对后妃间的争执往往不问缘由，一概偏帮婉容。文绣长期生活在冷落与压抑中，甚至连与溥仪同房的机会都未曾有过。1931 年夏天，文绣变得越发郁郁寡欢。她不止一次试图结束自己的生命，但都被救了下来。她的妹妹文珊和表亲玉芬都对此感到十分不安。8 月 25 日，文绣在文珊和玉芬的帮助下，以“散心”为由离开了静园。出走后，她们直奔天津国民饭店暂居。随后文绣便聘请律师，向溥仪发出了离婚声明。她控诉自己长期遭受冷暴力和虐待，九年未曾得到夫妻之实，要求离婚，并索要 50 万元赡养费及个人衣物。

消息传到静园，溥仪震惊不已。他从未料想，一向温顺的文绣会如此决绝。为了挽回颜面，溥仪试图通过律师与文绣谈判。但文绣的态度异常坚决，她不愿再回到那个冰冷得令人绝望的牢笼。经过几轮谈判，双方最终达成协议：文绣获得 55000 元赡养费，双方彻底脱离关系。1931 年 10 月 22 日，离婚手续正式完成。文绣终于摆脱了“淑妃”的身份，重获自由。在当时，这场被称为“妃子革命”的离婚事件震惊全城，并很快传遍全国，成为中国近代女性争取平等权利的一桩标志性事件。

文绣

4 / 皇帝旧梦，一枕黄粱

An Emperor's Illusory Dream

就在文绣与溥仪离婚期间，1931 年 9 月 18 日，日本关东军蓄意制造了震惊世界的九一八事变，炸毁沈阳柳条湖附近的南满铁路，并嫁祸于中国军队，以此为借口发动了对中国东北的全面侵略。九一八事变爆发后，日军迅速占领沈阳，并在短短数月内控制了东北三省的主要城市和交通要道。这一事件是日本帝国主义侵华的开端，也为日本后续扶植傀儡政权奠定了基础。

溥仪自抵津以来，从未脱离日本人的视线。迁居静园后，日本总领事派一名日本警察和三四名中国巡捕，名义上保护溥仪安全，实际上对其实行 24 小时的全天候监视。溥仪的每次外出都有日本警官跟随，他们还要把溥仪每天的动向记录下来向日本领事馆报告。在九一八事变后，日本军方开始积极策划在东北建立一个傀儡政权，以掩盖其侵略行径并巩固对东北的控制。为此，日本特务头目土肥原贤二被派往天津，劝说溥仪前往东北，出任伪满洲国元首。土肥原贤二早年毕业于日本陆军士官学校和陆军大学，因其语言天赋和对中国文化的了解，被派往中国从事情报工作。他曾在北洋政府时期以“顾问”身份活跃于中国政坛，广泛结交军政要人，搜集情报，为日本侵华政策的制定提供了重要依据。土肥原贤二的特务生涯中，最为人所知的是其在九一八事变前后的活动，而天津则是其施展阴谋的重要舞台。

沈阳九一八事变历史博物馆的残历碑

溥仪自到天津以来，从未忘却复辟的梦想，尤其希望能借助外国势力帮助他完成“龙兴大业”。他一边享受着外国人对他的特殊关注和尊崇，“待之以皇帝之礼”，一边谋求得到更切实的复辟保障。其中，在津日本人是溥仪来往最为密切的群体。日方经常邀请溥仪出席各类仪式，如参观军舰、日侨小学等。在这些地方受到的热烈欢迎，让溥仪十分感动，日本人因此成为他“最亲密的朋友”和“复辟第一外援”。九一八事变之后，溥仪认为复辟的时机已到，接连派人在各处打探消息，出关之心蠢蠢欲动。但日本人内部对是否让其出任傀儡皇帝一事存在分歧，溥仪身边的遗老幕僚也对要不要接受日本人的扶持帮助持不同意见，多有争吵。因而溥仪在思想上虽倾向于回到东北“光复祖业”，实际上还迟迟未有行动。

1931 年 11 月，土肥原贤二秘密到访静园，对其进行鼓动。他希望溥仪“不要错过时机，尽快回皇帝陛下的祖宗发祥地，亲自领导这个新‘国家’”；而后又向溥仪保证，新“国家”会是由溥仪完全做主的帝制国家，声称日本将全力支持溥仪重建清朝，并帮助他实现“光复大业”。与此同时，土肥原贤二还以威胁和利诱相结合的手段，向溥仪施加压力，暗示如果他不合作，日本将采取更加强硬的手段。土肥原到访静园三日后，静园收到两筐果品，随侍在检查礼品时，竟然发现筐中藏有两枚炸弹。日本人把炸弹取走检查，并声称炸弹由张学良的兵工厂制造。这下溥仪惊惧不已，无法继续安心住在天津。

实际上，第二天报纸上就已登出“炸弹是土肥原所布置”的消息，但溥仪已经顾不上看报纸了。静园接到各种威胁信，甚至还有一个来自维多利亚餐厅茶房的电话，警告溥仪近几日不要过去，说有些形迹可疑、衣服内藏着凶器的人在打听他。更耐人寻味的是，茶房说自己认出了那些人“都是张学良派来的”。事实上，这些都是土肥原贤二一手炮制的，目的在于营造紧张的氛围，逼迫溥仪赶紧出关。

此时溥仪心中的天平已完全倾向于日本人。国民政府也曾派人说服他“不要和日本人搅在一起”，并为此提供了优待条件。但溥仪对国民政府十分反感：“国民政府早干什么去了？优待条件废了多少年，孙殿英渎犯了我的祖陵，也没有人管。现在是怕我出来丢他们的人，才想起来优待……现在看见日本人和我接近，就什么条件都答应，等我离开了日本人，大概就该收拾我了。就算他说的都算数，给了我一个空帝号，哪比得上土肥原答应的真皇帝呢？对我再好，能把江山给我吗？”从溥仪的想法中能够看出，孙殿英盗陵事件让他对国民政府充满了不信任与仇恨情绪。1928 年 7 月，国民革命军第六军团第十二军军长孙殿英率部盗掘了河北遵化马兰峪的乾隆和慈禧陵寝后，溥仪悲愤交加，在张园摆设灵位及香案等，每日三次

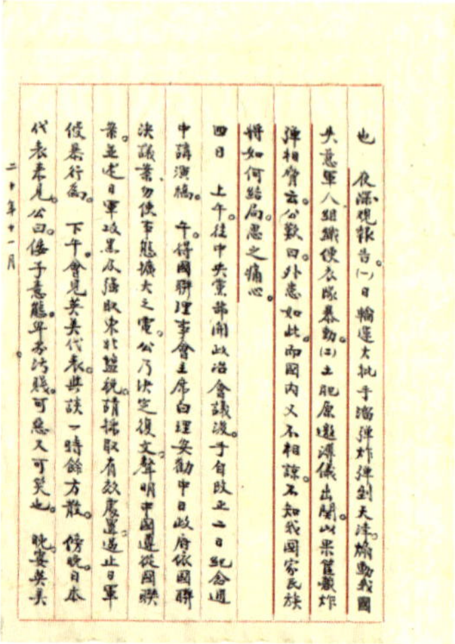
也。夜深殘報告。(一)日輸運大批手溜彈炸彈到天津。煽動我國
失意軍人組織便衣隊暴動。(二)土肥原邀溥儀出關以果筐藏炸
彈相脅云。公歎曰。外患如此。而國內又不相諒。不知我國家民族
將如何結局。愚之痛心。
四日 上午。往中央黨部開政治會議。後。于自改立二日紀念週
中講演稿。 午。将國聯理事會主席白理安勸中日政府依國聯
決議案勿使事態擴大之電。公乃決定復文聲明中國遵從國聯
案。並述日軍攻黑及據收東北鹽稅。請採取有效處置遏止日軍
侵暴行為。 下午。會見英美代表與談一時餘方散。 傍晚。日本
代表來見。公曰。係于意態。毋亦汚賤。可悲又可笑也。 晚宴英美
二十年十一月

国民政府关于土肥原贤二在果筐中藏炸弹威胁溥仪出关的密报

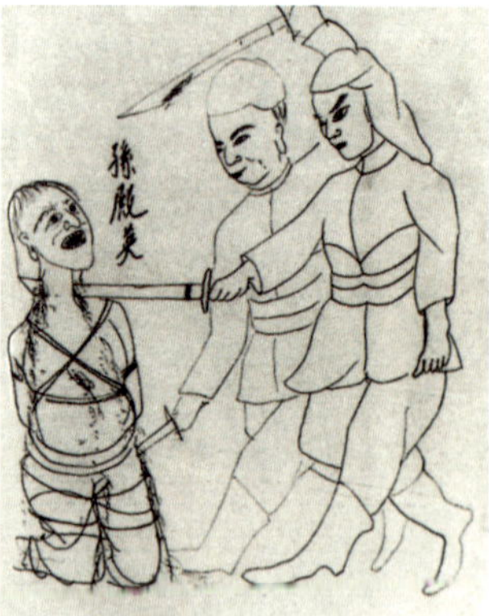

溥仪画《杀孙殿英图》

孙殿英

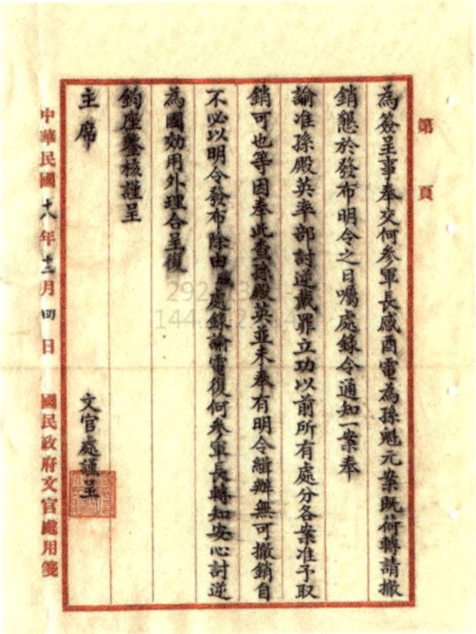

第　頁

為簽呈事奉交何參軍長感酉電為孫魁元案既府轉請撤
銷懇於發布明令之日囑處錄令通知一案奉
諭准孫殿英率部討逆戴罪立功以前所有處分各案准予取
銷可也等因奉此查孫殿英並未奉有明令緝辦無可撤銷自
不必以明令發布除由處錄諭電復何參軍長轉知安心討逆
為國効用外理合呈復
鈞座鑒核謹呈
主席
文官處謹呈
中華民國十八年十二月四日　國民政府文官處用箋

国民政府撤销孙殿英所有处分并准其戴罪立功的文书

祭拜，发誓“报此大仇，以慰祖先在天之灵”。而国民政府方面虽也曾派人查办此事，最终却“决定不予追究”。这种处理结果无疑让溥仪咬牙切齿却又无可奈何，让溥仪与国民政府的关系也无可挽回地走向彻底决裂。

溥仪一方面派人在天津、东北和日本加紧探听各方消息，一方面还给日本新上台的陆军大臣和“黑龙会”特务头子带去亲笔信件，迫切地想利用当时的政治形势复建大清帝国，并把希望寄托在日本军阀和右翼势力之上。

为了确保溥仪顺利离开天津，土肥原贤二策划了“天津事变”。1931 年 11 月，日本特务在天津制造了一系列爆炸和骚乱事件，制造混乱局面，以此为借口加强日军在天津的军事力量。随后，日军以保护溥仪为名，封锁了静园及日租界的交通。与此同时，土肥原贤二安排溥仪秘密离开天津。11 月 10 日，溥仪化装藏在静园一辆平日用来赏玩的汽车后备厢里，由日本特务秘密护送至一家日本饭店，随后他换上日本军服，乘日军司令部的军车来到白河岸边一个码头，匆匆登上一艘小汽船，半夜到达塘沽，再换乘日本商船“淡路丸”号，经大沽口前往旅顺。为了掩人耳目，溥仪的行踪极为隐秘，甚至连其家眷婉容等人也未随行。而日本军部的安排不止于此，在驶往塘沽的汽船上，日本人在距溥仪只有几米远的地方安放了一大桶汽油，如果溥仪流露出反悔之意，必要时他们将会放火烧船，决不允许溥仪回到国民政府手中。

土肥原贤二在天津的活动不仅限于策划溥仪离津，他还积极拉拢当地军阀、政客和汉奸势力，为日本在华北的进一步侵略铺路。他利用天津租界的复杂环境，与各方势力周旋，搜集情报，策划阴谋，成为日本在华北推行“以华制华”策略的核心人物之一。1945 年日本战败后，土肥原贤二被远东国际军事法庭列为甲级战犯，并于 1948 年被判处绞刑。

溥仪自从离开天津后，一直处于日本人的软禁之下，被切断了与外界的联系，所以情绪一直很不稳定。日本关东军为了稳住他，决定把皇后婉容也接过来。土肥原贤二选定了川岛芳子来执行这项任务。

川岛芳子本名爱新觉罗 · 显玗（一说显玗），字东珍，是

“淡路丸”号

清和硕肃亲王善耆的第十四女。按辈分她是溥仪的堂妹，故溥仪身边的人都称她为“十四格格”。1912 年清朝灭亡后，善耆试图借助日本人的力量复国，将女儿显玗送给日本浪人川岛浪速做养女。川岛浪速与善耆结为兄弟，共同策划了“满蒙独立运动”，虽最终失败，但其理念成为后来日本建立伪满洲国的雏形。1913 年，显玗更名为川岛芳子，随养父前往日本，进入松本高等女子学校接受军国主义教育，并从川岛浪速那里接受了政治、军事、情报等多方面的训练。川岛芳子的少年时期充满灰色与压抑，极端的军国主义思想以及川岛浪速的骚扰让这个皇室公主变得性格乖张、放荡不羁。川岛芳子长大后时常女扮男装，是当时有名的“男装丽人”，她还痴迷于各类激烈的男性运动，如骑马、击剑、射击等，认为这样做是“永远解脱了女性（身份）”。

溥仪被冯玉祥赶出紫禁城后，日本政府对中国的政局动荡深感焦虑，尤其是对中国革命形势的发展感到恐慌。与此同时，日本国内正经历严重的经济危机，帝国政府急于转移国内压力，开始伺机对中国下手。时任首相田中义一将目光投向中国东北，拟定了著名的《田中奏折》。川岛浪速对此欢呼雀跃，认为其“满蒙独立”理念终于迎来转机。他立即在大连设立办事处，加强与善耆家族的联系。1927 年夏，川岛芳子只身返回中国，改汉名为金碧辉。不久后，她依从父亲遗训，在旅顺与蒙古王族结婚，但三年后因性格乖张不羁而逃离，转而投靠日本关东军。1931 年，日军发动九一八事变，川岛芳子受命从事间谍活动，先后在东北和天津为日军效力。凭借其清室公主的身份和基本的英语能力，她成为日军不可多得的骨干分子，为稳定清室遗老、拉拢各租界势力立下汗马功劳。

事实上，早在土肥原贤二赴津劝诱溥仪的同时，川岛芳子已经受命为劝诱婉容而等待时机了。作为清朝皇室后裔和日本间谍，川岛芳子凭借其双重身份，成为日本军方与溥仪之间的重要桥梁。她利用自己与皇室的血缘关系，频繁出入静园，向

静园议事厅

静园会客厅

溥仪传递日本军方的意图，并劝说其接受日本的安排。

溥仪离津后，婉容已从静园的慌乱中察觉到日本军方在幕后活动的迹象，溥仪也托人转达了希望婉容前往东北会合的意愿。正在婉容犹豫不决之时，女扮男装的川岛芳子突然带着溥仪的亲笔信来到静园。见到婉容后，她先是用格格身份套近乎，打消婉容的戒备，而后开始讲述溥仪在旅顺十分孤独，思念皇后，盼望二人早日团聚云云。婉容见了溥仪的信后，心中的担忧放下许多，又经过川岛芳子一番花言巧语，终于下决心跟她一同前往东北。

1931 年 11 月 28 日，婉容同溥仪十多天前一样，藏在一辆汽车后备箱中，来到了日本华北驻屯军司令部翻译官吉田忠太郎家中，等候在这里的正是川岛芳子。当天晚上，婉容就在川岛芳子等人的陪同下，登上了日本商船“长山丸”号，随后抵达大连。后来，婉容又经过与日本人的多次谈判，才被允许搬到旅顺同溥仪一起生活。川岛芳子又一次为日本军方立下大功。

川岛芳子在九一八事变及后续事件中的活跃表现，充分体现了其作为日本间谍的狡诈与冷酷。她不仅为日本军方提供了诸多重要情报，还直接参与了多次关键行动，成为日本侵华战争中的重要棋子，她完全背弃了自己的国家。川岛芳子的所作所为注定使其成为历史的罪人，最终在战后被政府以汉奸罪处

溥仪

以死刑。

溥仪抵达东北后，于 1932 年 3 月 1 日就任伪满洲国执政，1934 年 3 月 1 日改称伪满洲国皇帝，成为日本在东北推行殖民统治的帮凶。然而，溥仪的皇帝梦不过是日本侵略者精心设计的骗局，他始终未能掌握实权，反而成为日本侵华战争的工具和傀儡。

静园作为溥仪寓居天津时期的核心生活场域，其历史价值不仅在于记录了这位“末代帝王”成为“寓公民众”的身份崩塌，更折射出近代中国社会政治变革的深层脉动。这座建筑见证了溥仪从昔日受人尊崇的封建帝王蜕变为仰人鼻息的伪满傀儡的剧变。这种个人命运的剧烈转折恰与近代中国的社会转型同步：在天津这座华洋杂处、中西交融的港口城市，租界文化的冲击、市民阶层的崛起与传统帝制的崩塌交织，新旧观念的碰撞在溥仪身上投射出最直观的影像。可惜在历史的关键时刻，他却未能做出正确的选择。天津的静园作为凝固的历史，也超越了单纯的建筑遗存，成为近代中国社会转型变革的立体标本。

第四章　三个人的婚姻

Chapter Four: A Marriage of Three

1931 年 8 月 25 日 15 时，“淑妃”文绣独自乘坐溥仪的小汽车悄悄驶出静园。她的出走，拉开了一场震撼全国的“妃子革命”的序幕。

溥仪虽没有三宫六院、若干嫔妃，但是一生中也曾经与五位女人有过婚姻关系。他与这五位女子的感情纠葛为他本就充满戏剧性和悲剧性的一生又增添了无数谈资。在天津的日子里，他虽拥有“一后一妃”，但这两个女人，却都未能陪他走到人生的尽头。对于溥仪而言，感情生活或许只是他人生中的一抹淡彩。但对于婉容与文绣两个女子来说，她们的生活、情感、荣辱乃至生命，都与这个男人的喜怒哀乐紧密联系。她们悲剧性的人生成为封建制度下被皇权和父权压迫的最真实而残酷的注脚。

皇后婉容，这位出身贵族的时髦女性，接受过新式教育，精通英文，熟悉西方文化，举手投足间尽显摩登气质。然而，这样一位本应走在时代前沿的女性，却在溥仪身边逐渐沉沦，最终在孤独与疯癫中蹉跎一生。而妃子文绣本是出身于清末封建家庭的传统女子，却以一种令人震惊的方式打破了命运的桎梏。她虽未曾接受过新式教育，思想上也深受传统礼教的束缚，但正是这样一位看似柔弱的女子，却在 1931 年毅然向溥仪提出离婚，成为中国历史上第一位与皇帝离婚的妃子。她的举动，震惊了当时的社会，为女性追求婚姻自由做出了榜样。

1 / 最后的选秀

The Last Imperial Consort Selection

1921年，少年皇帝溥仪在几位太妃与王公贵族的安排下，开始挑选皇后。宫里的敬懿太妃（同治帝瑜妃）和端康太妃（光绪帝瑾妃）各有自己心仪的人选。究竟花落谁家，王公、太妃们争吵激烈，最终都同意将皇后人选的照片送到溥仪面前，请他定夺。然而溥仪当时对此事并不上心，他虽已退位，但“尊号仍在”，大婚对他来说只是为了能够“亲政”、恢复祖宗荣光的必要步骤。于是，他随意地圈选了一张照片。被选中的女子就是额尔德特·文绣。

额尔德特·文绣，自号爱莲，属镶黄旗。八旗中正白、正黄和镶黄三旗由皇族亲自统率，称为“上三旗”。她比溥仪小三岁，生于1909年。她的祖父锡珍，官至吏部尚书。他有两个得意门生，一位是后来成为民国总统的徐世昌，另一位是负责编纂《清史稿》的柯劭忞。文绣的父亲端恭，为人老实，性情懦弱，希图安逸，曾谋得内务府主事的差事，但仕途并不顺利且早逝。文绣出生在北京属镶黄旗的方家胡同。自幼丧父的文绣和母亲蒋氏一起生活，生活十分艰苦。即便日子艰难，母亲还是将她送到北京花市私立敦本小学读书。在学校里，文绣各项课程的成绩十分不错，深受老师喜爱。

对于溥仪的选择，端康太妃立即出来表示不满。她不顾众人的反对，执意要溥仪重新挑选，理由是她相中的婉容家庭富有，人又长得漂亮，而文绣家境贫寒，本人相貌也不出众，所

文绣

以必须重选。

照片再次摆在溥仪的面前，溥仪不耐烦地又在端康太妃中意的婉容照片上画了一个圈儿。郭布罗·婉容是达斡尔族人，父亲荣源，属正白旗，正白旗也属“上三旗”之一。婉容与溥仪同岁，1906 年出生在北京皇城根儿下帽儿胡同的荣府。辛亥革命后，全家人搬到了天津。婉容两岁时，其生母病故，不过幸运的是，继母待她非常好，亲自教她画画、写字、作诗。婉容在天津度过了美好的少女时光。荣源对子女寄予厚望，待女儿年纪稍长时，将她送去一所美国的教会学校读书。在这所

少女时期的婉容

婉容

学校里，婉容接受了西式教育，学习了英语，还会弹钢琴和跳交际舞，加上她容貌秀美、性情温柔、举止大方，可以说是一个既时髦又优雅的女孩儿。

因文绣落选而火冒三丈的敬懿太妃，对着王公大臣们大哭大闹。荣惠太妃给敬懿太妃出了一个主意：

姐姐先别说气话。依我看，既然文绣已经被皇上圈过了，就不能下嫁庶人，不如皇上一并纳为妃子如何？

溥仪闻听大怒："不行！这都什么年代了，还纳妃子。本来我就不同意立后，现在还让我娶两个，绝对不行！"

陈宝琛劝道："皇上，自古以来皇帝可以拥有'三宫六院七十二嫔妃'。立后纳妃是很正常的事情啊。皇上何必固执己见惹得太妃们不高兴呢？"

溥仪很不高兴："现在时代不同了，西方文明国家的君主已经不实行一夫多妻制了，大清皇帝在今天也不应该再实行一夫多妻的制度了。"

几位太妃和王宫贵族为了搞平衡，都纷纷劝说溥仪听话，别总想着洋人那一套。溥仪见说不过他们，只好答应。由此，末代王朝最后一任后妃人选尘埃落定，婉容成为最后一位拥有皇家大婚典礼的皇后。淑妃文绣虽然比婉容早一天进宫，却与

婉容朝服照

文绣朝服照

溥仪与婉容

盛大的婚礼无缘，只能待在自己的长春宫，等待帝后大婚时给他们请安。这场婚姻伊始，后、妃二人的命运走向便大相径庭。

2 / 日落紫禁城
Sunset Over the Forbidden City

溥仪对结婚毫无兴趣，经历了礼制繁复的大婚流程后，当晚就把新娘一人扔在坤宁宫，回到自己的养心殿独眠。婉容万万没想到皇上会在新婚之夜无缘无故离她而去，伤心得泪如雨下。虽然如此，在婚后的一段时间里，溥仪与婉容和文绣相处得还算融洽。深宫之中，三个青年男女年龄相仿，充满朝气，时时相互为伴。溥仪为婉容和文绣分别请了英文教师。她们不但学习英文，还学习文学、历史、艺术和世界各地的风物知识。溥仪常带着婉容和文绣一起游景山，还带两人去醇王府探望生

婉容（右）、文绣（左）与英文教师合影

病的祖母。一后一妃也渐渐地习惯了宫廷中的生活。

然而，婉容作为接受过西式教育的少女，心中还充满着对一夫一妻制下“夫妻情深”的憧憬，对于文绣的存在自然心存芥蒂，偶尔会争风吃醋。溥仪一开始对待后妃二人虽有所不同，多是因为两人的身份区别。而像婉容这样一位会讲英语、吃西餐的时髦贵族千金，在思想观念上和溥仪更契合，因而两人相伴的时间越来越多。熟知新式生活方式的婉容经常向溥仪介绍西方文化，溥仪对西餐的喜好也是受到了婉容的影响，连西餐

溥杰、溥仪和润麒在养心殿院内

溥仪和润麒在御花园

的用餐方法和礼仪也是婉容所授。婉容的弟弟润麒也深得溥仪喜爱，常常被溥仪叫到皇宫里，甚至能骑在溥仪脖子上玩耍。婉容家中并不愿意润麒经常入宫。溥仪便想了一个办法，时不时找由头赏赐润麒各类珍宝玩意儿，还有一匹马。接了赏赐的润麒就必须进宫谢恩，他在宫里一待就是一个多月，每天可以陪着溥仪疯玩。

另一边，文绣自从入宫以来，并未获得溥仪的宠幸。她每天早上梳洗完毕，就先到溥仪的寝殿问安，再到婉容皇后和四位太妃的寝宫中依序请安，之后回到她所居住的长春宫，让宫女关上宫门，过着简单朴素的日子。作为性格文静的传统女子，文绣在溥仪面前颇为拘束，有问才答，从不轻易启齿，与活泼肆意的婉容截然不同。她平日里总是刺绣，或是教导长春宫的宫女认字，最大的爱好便是听京剧。溥仪给她买了手摇式留声机，文绣闲时就听戏，听到后来自己也能唱上好几段了。

溥仪曾给文绣聘请了一位女教师凌若雯，专门教授英语。文绣学习很用心，进步极快，思想也随之开放，进而开始酷爱文学，把静心读书当成乐趣。文绣曾写过一篇《吊苑鹿》，溥仪称赞其文笔秀雅，立意不凡：

> 春光明媚，红绿满园，余偶散步其中，游目骋怀，信可乐也。倚树稍憩，忽闻囿鹿，悲鸣婉转，俛而视之，奄奄待毙，状殊可怜。余思此鹿得入御园，受恩俸豢养，永保其生，亦可谓之幸矣。然野畜不畜于家，如此鹿在囿内，不得其自由，犹狱内之犯人，非遇赦不得而出也。庄子云：宁其生而曳尾于涂中，不愿其死为骨为贵也。

这篇短文借鹿喻人，描绘了一个生活在深宫中的女人的孤独处境，道出了文绣的心声，令溥仪也不免心有戚戚。红墙黄瓦、金碧辉煌的宫殿，虽然一派荣华富贵，却让文绣感觉自己好像鹿苑里的梅花鹿一样，身处牢笼，不得自由。论外貌，文绣确实不如婉容，但论智慧和文才则不比婉容逊色。她不愿意做豢养在御园的苑鹿，在她的思想深处，有一个比“皇妃”身份更加重要的东西，那就是自由。她希望能拥有普通人的家庭生活，然而，这个看似简单的诉求，对帝王之家来说却是一种奢望。

对于年轻的溥仪来说，皇后和淑妃的到来，除了完成他“亲政”的愿望，最重要的作用便是在高墙森森的深宫之中多了两

婉容与文绣

个玩伴。玩耍，就是婚姻带给溥仪最大的愉悦了。而传宗接代也好，男女之情也好，则不在他的兴趣之内。从一些旁人的回忆中，我们能够了解到，溥仪有着虔诚的佛教信仰。他每天早晚都要念经诵佛，祈愿平安，一言一行都要借助占卜。这大概是由于自小远离父母所带来的安全感的缺失。这种虔诚后来逐渐走向极端，让溥仪在某些方面变得有些神经质。例如，每到夏季，溥仪必定随身携带一盒酒精棉，就是为了既能驱赶苍蝇“不杀生”，又能让苍蝇所落之处“保持洁净”。这种对清净和纯洁的过度追求，让溥仪在物质与精神上都染上了洁癖。用

婉容和文绣在紫禁城

溥仪与婉容摆弄相机

文绣与小狗

这样的态度对待男女关系，可能正是他“无法人道”的心理症结所在，这种心理症结与他不健康的身体叠加，成为婉容和文绣婚姻悲剧的根源。

不愿日日被锁在深宫高墙之中的溥仪或许没有想到，出宫的愿望很快就得以实现，虽然不是以自己喜欢的方式。1924年11月5日上午，溥仪被下人叫醒，并被告知冯玉祥派人逼宫，限三个小时之内必须离开紫禁城。溥仪慌了神，婉容与文绣也同样措手不及。商议去处、归拢行李、遣散宫人，一番忙乱过后，溥仪带着婉容和文绣永远地离开了皇宫。

离宫后的第一站，他们来到溥仪出生的醇亲王府。在这段封闭的生活中，三人的关系开始发生微妙的变化。事实证明，刚刚出宫获得渴望已久的自由的溥仪，立即又想着怎么回去当皇帝，在夜间常与郑孝胥等遗老密谋复辟。婉容用英文写下日记："这座牢笼比紫禁城更令人窒息。"因此，当郑孝胥建议"暂居天津以图复辟"时，婉容立即响应："天津有租界，总比这破院子强。"溥仪、婉容与文绣三人，在复辟问题上的观念并不一致。婉容为了保有"皇后"的荣光支持溥仪复辟，而且她将希望寄托在洋人身上。文绣却认为，投靠洋人，特别是投靠日本人，无异于叛国，因此她对复辟并不热心，甚至反感。这也成为日后文绣毅然选择离婚的另一个重要原因。

3 / 津门风流时

Days of Elegance in Tianjin

1925 年 2 月，溥仪携婉容、文绣从北京来到天津。住进张园后，他们以为终于获得了安全和自由，没料到却住进了另一个华丽的“金丝笼”。溥仪的书斋和寝室内依旧摆放着紫檀木古玩架，每个格里都陈列着从宫中带出来的稀世艺术珍品；婉容和文绣的房间也都有豪华的陈设——只是，围墙外布满了日本警察的监视岗哨。好在到天津以后，他们能经常上街游玩了。以前，在紫禁城里时，溥仪难得走出神武门一步，一旦有机会出宫，必定把后、妃都带在身边。但是到了天津，溥仪往往只带着婉容，把文绣扔在了“行在”里。

溥仪来天津以后，为了插手中国政治，英、法、意、日等国的驻津领事或驻军司令官，都竞相拉拢溥仪，与他建立联系。溥仪经常收到各国驻津头面人物的各种邀请。那些光亮、鲜红而又烫了金的漂亮请柬，无一例外都是发给皇帝和皇后陛下的。他们应邀出席阅兵典礼、晚宴、婚礼和舞会，优哉游哉，快乐非凡。在海河畔长大的婉容如鱼得水地融入租界社交圈。英国记者约翰·艾伯特在《京津画报》中描述：“皇后穿着巴黎定制的水貂大衣，踩着银色高跟鞋与各国领事夫人跳探戈，她的英文比紫禁城时期更流利了。”因为经常参加各种涉外活动，婉容与溥仪的英文名字时常出现在欧美在津出版发行的报刊上，“伊丽莎白”（婉容的英文名）与“亨利”（溥仪的英文名）一并为国际社会熟知。在各类报道中，他们是“流亡的小孩皇帝”

THE ILLUSTRATED LONDON NEWS, MAY 29, 1926.—922

CHINA'S YOUNG EMPEROR AND EMPRESS IN EXILE AT TIENTSIN.

PHOTOGRAPH NO. 1 BY THE KODAK SHOP, TIENTSIN; NOS. 2 AND 3 BY MR. R. F. JOHNSTON, THE EMPEROR'S ENGLISH TUTOR; NO. 4 REPRODUCED FROM "AN ADVENTUROUS JOURNEY," BY MRS. ALEC-TWEEDIE, BY COURTESY OF THE AUTHOR AND THE PUBLISHERS, MESSRS. HUTCHINSON AND CO.

1. AT THE TIENTSIN RACES: (LEFT TO RIGHT) THE EMPEROR, MR. R. F. JOHNSTON (HIS ENGLISH TUTOR), AND GENERAL SUTTON.

2. IN A GROUP OF MEMBERS OF THE CHINESE IMPERIAL FAMILY: THE YOUNG EX-EMPEROR (ON THE LEFT) IN CHINESE COSTUME IN THE GROUNDS OF HIS HOUSE AT TIENTSIN.

3. IN THE GARDEN OF THE EX-EMPEROR'S HOUSE AT TIENTSIN: AN INTERESTING EXAMPLE OF CHINESE ROCK-WORK, WITH STONE LIONS AND OTHER ORNAMENTAL STATUARY.

4. "A CLEVER, BRIGHT LITTLE PERSON": THE YOUNG MANCHU EMPRESS OF CHINA IN EXILE—A PORTRAIT TAKEN LAST JULY.

In view of current events in China, these recent photographs of the exiled Emperor and Empress, and their residence at Tientsin, are of remarkable interest. The young Emperor, who was born in 1906, succeeded his uncle, Kuang-Hsu, as an infant of two under the name of Hsuan Tung. When China became a

of Jung Yuan, a Manchu noble, and the wedding was celebrated on December 1 of that year. In November 1924, the ex-Emperor was expelled from the Forbidden City, Peking, by "the Christian General," Feng Yu-hsiang, and thereafter lived for some days in the mansion of his father, Prince Ch'un, ex-Regent,

1926年5月29日，《伦敦新闻画报》关于溥仪和婉容在天津的报道

溥仪和婉容与家人在静园合影

和“漂亮的满洲公主”。文绣则像个局外人，永远没有资格登大雅之堂。

婉容总是希望溥仪用金钱来证明自己的心意，溥仪曾回忆说：“婉容本是一位天津大小姐，花钱买废物的门道比我更多，她买了什么东西，文绣也一定要，我给文绣买了，她于是又买，而且花的钱必须多，好像不如此就不足以显示‘皇后’的身份。”这个时期，溥仪常送婉容礼物，不限于“依例节赏”，还送些新照相片、丝巾、唱机等，有些赏赐确能表达感情。

有一次，溥仪心血来潮，独自逛惠罗公司，买了一块钻石手表想要送给婉容。他贪时髦，让人在背后刻了一行字。第二天，他嘱咐太监前去取表，太监发现手表背后多了一行英文字，以为是商标，让商店职员读给他听，但职员并未解释英文的意思。一回到张园，太监就喊道：“皇上，皇上，您买的 I LOVE YOU 牌手表十分标致，奴才已带回来了。”众人哄笑起来，溥仪的秘密被拆穿，脸红起来，婉容却是甜在心头，只有文绣心中不是滋味，假装听不见、看不到。

溥仪珍藏的百达翡丽腕表于 2023 年在香港拍卖

文绣不仅比不上婉容，就连溥仪周围的其他人，待遇都比她好太多了。查阅溥仪在 1926 年一年内的赏赐记录，受赏的人员中，有陈宝琛、陈曾寿、温肃一干忠心耿耿的老臣，有张宗昌、吴佩孚等在职的军阀，也有日本警察署高桥、海军少将有野、日本公使芳泽及其夫人和小姐、英军领事、英军司令，当然还有婉容、醇王府的格格们、朗贝勒府的亲属们，甚至连溥仪的乳母、老妈子、御医、随侍和太监们也都得到了赏赐，唯独文绣没得过任何一样。当婉容拿着刻有“I LOVE YOU”的定制金表喜不自胜时，眼睁睁瞅着这一切的文绣，岂能不感到透骨穿心的寒冷？

溥仪将张园打造成复辟联络站，婉容将其变为时尚沙龙，两人都有自己热衷的事，而文绣的苦闷却与日俱增。在住所分配时，她就遭到忽视。她的卧室在张园一楼的大厅旁，与二楼溥仪和婉容的卧室相隔甚远。庄士敦在回忆录中提到，某次舞会进行时，他偶然瞥见文绣“独自在庭院假山后借月光读《新青年》，书页间夹着枯萎的海棠花瓣”。溥仪的侍卫李国雄披露，1928 年中秋，婉容要求定制镶嵌 128 颗珍珠的旗袍，溥仪当场签字批准；而文绣申请就读南开女中夜校的请求，却被溥仪以“有损皇家体面”为由驳回。这样的区别对待到后来几乎发展成一种压迫。据静园侍从值班簿统计，1925—1929 年，溥仪主动召见婉容 213 次，文绣仅 19 次，且多为节庆礼仪性会面。文绣后来回忆张园的生活时，痛苦地说：“溥仪和婉容住在二楼，

婉容

我住在楼下溥仪会客大厅南边的一间房内。虽然我们住在同一栋楼房里，但无事谁也不和谁来往，好像马路上的陌生人一般。婉容成天摆着皇后的大架子，盛气凌人。溥仪又特别听信她的话，我被他们两人冷眼相待。我和溥仪的感情也一天比一天坏了。” 一个一年都见不到丈夫几面的女子，其孤独苦闷可想而知。

寂寞的文绣开始秘密接触新思潮。她在 1929 年寄给妹妹文珊的信中写道：“每闻楼上笙歌，辄忆《石头记》中‘元妃省亲’之盛景，不过是烈火烹油、鲜花着锦之虚妄。”此时，她已通过律师秘密订阅《大公报》，并在报上发表的《论现代女子之觉悟》旁批注：“吾辈岂甘为玩物？”这些都为文绣最后提出离婚埋下了伏笔。

4 / 静园深几许

How Profound the Loneliness in Jing Garden

在张园住了四年多后，溥仪于 1929 年搬入了一街之隔的静园。在静园，溥仪和婉容住在主楼二层的套间，包括卧室和书房，而文绣只能住在楼下的一个小单间里。溥仪常到婉容房中去，却极少光顾文绣的居室。婉容的父母就住在天津英租界，溥仪去过岳父母家探望，他们也常来静园拜访。然而，住在北京大翔凤胡同的文绣母亲，却一次也没来探望过女儿，几年后就去世了。母亲死后，文绣更觉得活在这个凄苦的世上太无望，常常彻夜难眠。

拥被难成梦，
萧萧一夜风。
浊醪聊自饮，
朝日照窗红。

这首诗是度过一个深冬的寒夜后，服侍文绣的太监赵长庆在几案上看到的。当时文绣刚刚伏案睡去，手指间还夹着一支毛笔。

在这个艰难的时期，幸好文绣的妹妹文珊也随夫家搬到天津的英租界，时常前来探望她这位二姐。文珊小名“二秀”，从小和文绣关系就特别好，不过她们俩的性格却大不相同。文绣性格豁达，能够包容别人，而文珊是个一点儿亏都不肯吃的女孩。文绣入宫成为妃子一年多后，文珊也出嫁了，嫁给了庆亲王载振的二儿子溥锐。载振是晚清时期权势滔天的军机大臣奕劻的儿子，其家境十分殷实。1925 年前后，载振一家搬到了天津，而他们早在两年前就买下了英租界内原属太监小德张的一处房产，也就是如今的庆王府。文珊的丈夫溥锐是个典型的纨绔子弟，整天就知道唱戏玩乐，不务正业，所以他们俩的感情也不太好。每当姐妹俩聚在一起的时候，总是互相倾诉心中的苦楚。

天津庆王府

文绣

除了文珊，文绣身边还有一位名叫玉芬的远房表亲。玉芬是文绣娘家远房亲戚毓璋的大女儿，毓璋曾担任清西陵的守陵大臣，辛亥革命后，他在民国政府的海军部担任总务司长。玉芬虽然辈分上算是文绣的晚辈，但年龄比文绣大。玉芬的婚姻生活也很不幸。她的丈夫也是个纨绔子弟，整天只知道吃喝玩乐，所以他们的感情非常不好。玉芬也因此变得成熟起来，特别是在离婚和维护自身权利方面有着独到的见解。

在文绣入宫之前，因为家里穷，她和很多亲戚都不来往。但自从她成了“小皇上”的妃子后，亲戚们又开始走动起来了。玉芬也和文绣的母亲走得非常近。玉芬的婆家在北京东四十条有座漂亮的公馆，在天津租界也有房产，所以她有机会在两地居住，每年都会在北京和天津各住几个月。当文绣随溥仪来到天津后，她和玉芬的来往更加密切了。玉芬和文珊一样，都成了文绣最亲近、最信赖的人。

当玉芬得知文绣婚姻不幸、处境悲惨时，她非常坦诚地告诉文绣，现在是中华民国了，溥仪早已被赶出了皇宫，他现在就是一个平民百姓，不是什么“小皇上”了。他也得守法，平等待人。你应该找个律师，控告他虐待妻子，和他离婚，并向他索要抚养费。玉芬的一番话，让本就渴望自由的文绣萌生了坚决要和溥仪离婚的想法。

不久之后，一场荒诞的冲突将文绣与溥仪、婉容之间的矛盾彻底激化，成为压倒骆驼的最后一根稻草，促使文绣下定了最后的决心。一天，溥仪和婉容站在静园的花坛旁聊天。文绣上街购物归来，进院见到溥仪请了安，溥仪让她回屋。旁人都没看到文绣有什么其他的举动，但婉容却向溥仪告状，说文绣瞧不起她，在背后朝她吐唾沫。溥仪毫不怀疑，直接叫手下太监去质问文绣："为什么要唾皇后？不明事理，可恶！"太监叩开文绣的房门，文绣听说是"皇上下旨"就规规矩矩地开门迎接，像恭迎溥仪亲临一样，垂手站着听旨意。

静园前院

“皇上派我来问你，为什么要唾皇后？不懂人情世故，太可恶！”

文绣一愣，随后慌乱起来，自己平时总躲着皇后，生怕生事，怎么会故意唾她：“我哪里唾皇后了？”

“皇上说，休得胡辩！今天不认个错儿就别想过关！”

文绣气得头晕目眩、浑身发抖，一时不知如何是好，大声哭道：“求皇上、皇后开天高地厚之恩，饶我一死吧！”

这时，侍卫李国雄又进来传旨。

“皇上传旨：淑妃目无尊卑，辱骂皇后，古来无你这等之人，大清二百多年无你这等不知礼之人。”

文绣的眼泪一下子涌出来，趴在床上放声痛哭。多少年来所受的苦楚让文绣哭得昏天黑地，以至于哭得眼中出血……溥仪只好下谕：此事过去，下次如再犯绝不宽恕。但是婉容还是不依不饶，事后静园内部账目显示，婉容当月额外支取 300 银元购置新衣“压惊”，而文绣的月例被克扣了 150 银元。

这次斥责事件对文绣打击很大，她几天都没有从痛苦中缓过来，房中每天都会传出哭声。溥仪却并不理会，照样与婉容有说有笑，就好像什么事也没有发生。

过了几天，太监赵长庆跑过来报告：“禀报皇上，淑妃正在自己房中哭闹，还在床上打滚，扬言明年今天就是她的忌日，

静园（侯鑫 摄）

拿着剪刀要捅自己的肚子，被奴才夺下来了。”

溥仪十分生气：“她惯用这种伎俩吓唬人，谁也不要理她！”婉容觉得有些不是滋味，对溥仪说：“皇上，还是劝劝淑妃吧，别闹出什么事。”溥仪于是派人到庆王府找了文绣的妹妹文珊来劝解。

文珊一见着文绣，姐妹俩便抱头痛哭。文绣一肚子苦水一下子倒了出来，又哭得死去活来。两人在房间里待了很长时间，文绣的哭声渐渐平息，文珊劝慰一阵后，走出房间来到溥仪和婉容面前说，她姐姐日夜哭泣、心情郁闷，希望允许她陪伴姐姐外出散散心，也许能好些。几天来，文绣的哭闹让溥仪也很烦闷，于是他“大发慈悲”地答应了。当天下午 3 时，文绣由文珊陪着，为掩人耳目，还带了太监赵长庆，乘坐溥仪的专用汽车出了静园大门。

溥仪万万没有料到，这是文绣长期遭受压迫后的爆发之举，文绣从此再不曾跨进静园大门。从这一刻开始，一场中国历史上绝无仅有的妃嫔离婚案轰轰烈烈地拉开了帷幕。

5 / “刀妃”要革命

The "Scissors" Consort's Imperial Divorce Rebellion

汽车开出静园后，文绣令司机一直开往国民饭店。汽车在饭店门前刚刚停稳，文绣和文珊就从容下车，推门而入，直奔37号房间。太监赵长庆紧紧跟在二人后面。进屋坐定后，文珊对赵长庆说："你先回去吧，淑妃就留在这儿了，还要向法庭控告你们皇上呢。"赵长庆吓得要死，想劝文绣回去。此时，文珊替文绣聘请的律师张绍曾、张士骏、李洪岳三人按照约定的时间前来做诉前准备。赵长庆失魂落魄地带着文绣给溥仪的信回到静园。听完赵太监的禀报，溥仪当即慌了神，急忙命下人赶去国民饭店，一定要把文绣追回来。可是文绣与文珊早有准备，快速离开了国民饭店，转移到另外的安全处所去了。

这样迅速、高效、目的明确的行动，证明了文绣在出走静园前，已经在各方面都做好了准备。她曾交给玉芬1000银元，让其在外偷偷打点，聘请三位律师张绍曾、张士骏和李洪岳，在国民饭店租房间，等待行动。文绣诉请离婚的文件以及逃出后致溥仪的信等，也已提前拟好。同时，文绣也找机会清理了自己房中的金银细软，让文珊分批带出，暂时存放在她家里，以备逃走后用。这一切都做得非常周密、细致，可见文绣的离婚态度之坚决。

溥仪收到的信件内容，包括文绣出走的原因，信中申述了她结婚九年，未得一幸，孤衾独抱，愁泪暗流，备受虐待，不堪忍受。并明确提出：今兹要求别居，溥仪应于每月中定若干

国民饭店今景

国民饭店始建于1923年，原名“国民大饭店”，是当时上流社会人士频繁出入的场所。饭店拥有宽阔的庭院，是天津老牌饭店中唯一允许汽车进出的庭院式饭店。刚建成时，它拥有客房160间，是当时天津餐旅界最豪华的饭店之一。它见证了许多重大历史事件，如文绣在此提出与溥仪离婚，爱国将领吉鸿昌在此被捕遇刺等。如今，这座充满历史底蕴的饭店已成为天津市的重要文化遗产之一。

日前往一次，实行同居，否则唯有相见于法庭。溥仪看信后大惊失色，因为这太有伤皇室的脸面，也大失“皇上”的身份。他派人去国民饭店寻找，却没找到人，又让人到庆王府文珊的住处找她们。而文珊的婆婆竟对溥仪的手下人大发雷霆：“你们来我家找妃子，我还想向你们要儿媳妇呢！”溥仪的人只能狼狈退走。

与溥仪离婚前的文绣

溥仪与遗老商议后，派出常年雇佣的法律顾问林棨、林廷琛，想与文绣的律师达成和解。文绣的三名律师指出，文绣绝不愿回到静园与溥仪、婉容共处同一屋檐下。而溥仪一方为维护皇家声誉，不肯离异。谈判陷入僵局。当时正是溥仪与日本人密切勾结、幻想得其助力、完成复辟大业的关键时刻，距离九一八事变尚不足一个月。逊帝王妃闹离婚的消息很快就引爆了多家媒体，京津两地的各类报纸纷纷登载文绣要同溥仪打官司、闹离婚的报道。文绣的支持者甚多，她被冠以“刀妃”之名，这个美称也因报纸传扬而响彻全国。当时《大公报》评论称：“以剪刀破牢笼，实为新时代之刀剑革命。”而《申报》首次使用“刀妃”称谓时，特别说明：“文绣者，非凶悍之妇，乃决绝之人也。”

媒体的大肆宣扬，使溥仪处于极端尴尬的境地，而顽固的封建卫道士也不断向文绣施加压力。文绣的一个远房族兄文绮，就两次投书天津《商报》，对文绣大加攻击，竟说即便文绣受到虐待，也应该“耐死忍受，以报清室之恩德”。文绣顶住压力，毫不屈服，给文绮的回信毫不留情地揭露了他的虚伪面目：她与这位“族兄”素未谋面，也毫无来往，一个几乎陌生的人来劝她忍受致死的痛苦，对她依照法律谋求正当待遇的行为进行无端诬赖、说教，实在是不通法律又罔顾人情的小人行径！

1931 年 8 月 29 日，文绣律师张士骏到天津地方法院提起诉讼。法院当即下达传票和副状，派人到静园通知溥仪 9 月 2 日进行调解。随后，双方在赡养费与“脱离”“别居”等问题上你来我往。经过近两个月的反复磋商、激烈辩论，最终于 1931 年 10 月 22 日，在林棨、林廷琛的律师事务所里，文绣亲自出席，其三位律师也在场，溥仪与文绣双双同意，并签订了离婚协议书。

文绣与清皇室主人脱离关系一案，兹经双方律师调解，议定条件如下。

一、文绣自立此约之日起，即与清皇室主人脱离关系。

二、清皇室主人于本件签字之日，一次性付给文绣终身生活费五万五千元（付款另有收据）。

三、文绣于本件签字之日即将所有随身常用物件（另有清单）全部带走（付物时另有收据）。

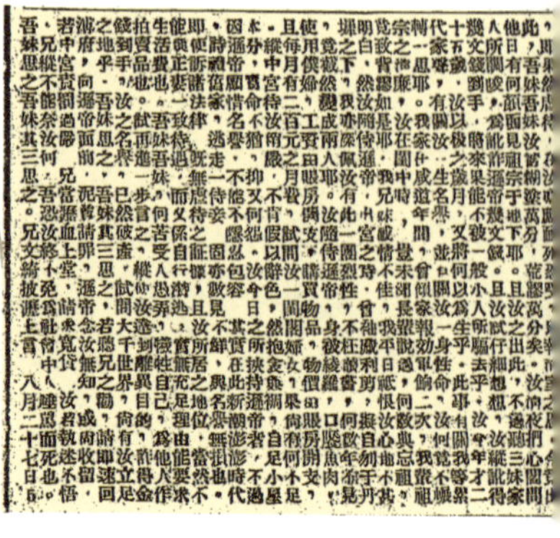

1931 年 8 月 30 日《京报》

1931 年 9 月 5 日《ABC 日报》

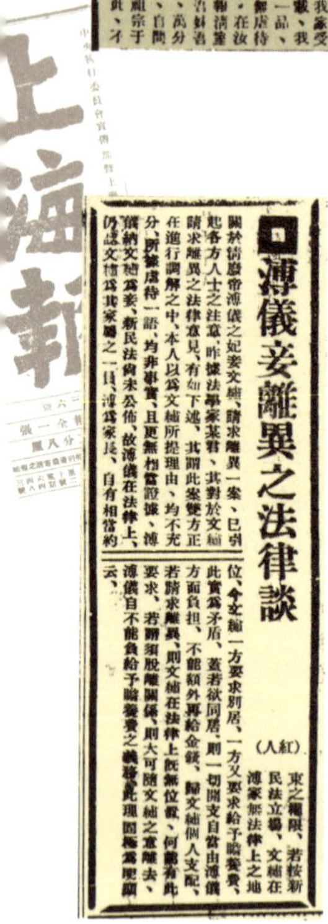

1931 年 9 月 5 日
《上海报》

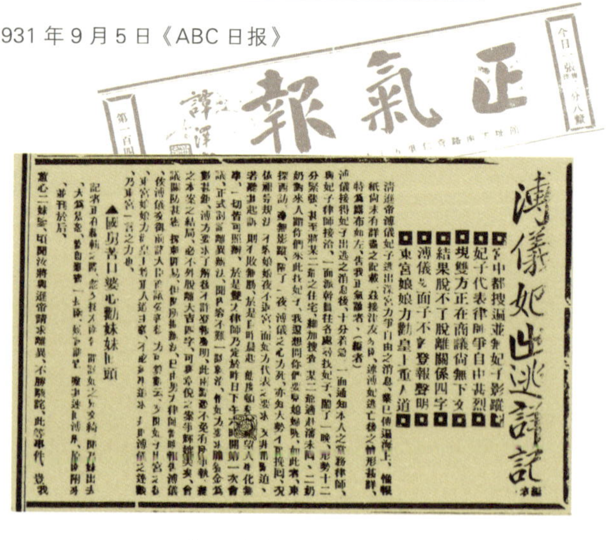

1931 年 9 月 4 日《正气报》

溥儀妃兄文綺訓妹書

二百餘載厚恩即受虐亦應忍受

身羅綾以魚肉月費二百尚何不足

小星抱衾與裯實命不猶抑又何尤

廢帝尊嚴與舊禮教之最後掙扎

Peking Press 京報

溥儀妃出走請求離異

聲言不堪虐待聘律師辦交涉

溥儀代表請釋誤會已遭拒絕

1931 年 8 月 27 日《京报》

溥儀妾要求離異案

可望不上公堂

文繡要求生活費五十萬

致妹絕命書歷陳冷院深宮苦狀

1931 年 9 月 7 日《益世报》

官斷不如私休　律師調解之下
免失了皇家體面

帝妃離異案完全解決

五萬五千元贍養費買得終身不嫁

文繡妃從此脫離戲劇式的生活

立法院西康委員電溥儀共挽國難

1931 年 10 月 30 日《益世报》

溥儀妃離婚案
五萬五千元解決

◎天津三十日電、溥儀之妃離婚事件、經律師調解兩月餘、二十九日始解決、妃向溥立誓不再嫁、溥儀給妃五萬五千元贍養費、並發還妃之衣飾、

1931 年 10 月 31 日《时报》

四、履行二、三两条件之后，文绣即回北平大翔风胡同母家独身念书安度，绝不再向清皇室提任何要求。

五、脱离之后文绣不得做有损害名誉之事，双方亦不得有互相损害名誉之行为。

六、文绣将天津地方法院调解处之申请撤回，此后双方均不得发生任何诉讼。

七、本件自签字之日起生效，共缮四份，双方律师各执一份。

至此，文绣终于获得了真正的自由。文绣与溥仪离婚，可算是“捅破了天”的奇事，爱新觉罗家族统治中国近300年来，从未有过皇后或皇妃敢于提出离婚。文绣是第一位，也是唯一取得成功者。溥仪为了维护“脸面”，在同文绣签订离婚协议的第二天，下了一道“谕旨”，废淑妃文绣为庶人，还花了一大笔广告费，将这条“谕旨”刊登在京津报纸的头条广告栏内，实在是自欺欺人。

文绣与溥仪婚姻破裂，除了感情因素，政见不合更是其中的深层原因。文绣对溥仪逐渐依靠日本人谋求复辟的做法十分失望。起初溥仪对日本还抱有戒心，与婉容、文绣多次提到，从甲午战争到“二十一条”，日本侵略中国有增无减。初到天津的溥仪还将希望寄托在西方各国，而非仅日本一家。但其

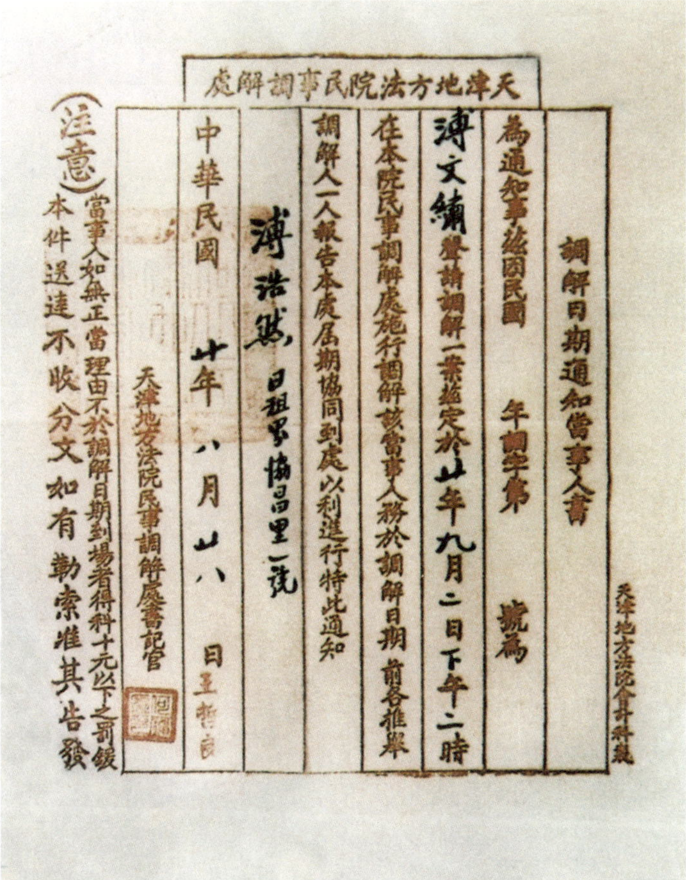

天津地方法院民事調解處

調解日期通知當事人書

為通知事茲因民國 年 字第 號為

溥文繡 聲請調解一案茲定於廿年九月二日下午二時

在本院民事調解處施行調解該當事人務於調解日期 前各推舉

調解人一人報告本處屆期協同到庭以利進行特此通知

溥浩然 日租界協昌里一號

中華民國 廿年 八月 廿八 日 王哲良

天津地方法院民事調解處書記官

（注意）當事人如無正當理由不於調解日期到場者得科十元以下之罰鍰

本件送達不收分文如有勒索准其告發

天津地方法院會計科製

天津地方法院因文绣提出离婚起诉而致溥仪的民事调解法律文书

后谋求复辟的多次失利、近臣郑孝胥等的不停劝诱，让溥仪心中的天平最终彻底倒向日本人。文绣实在无法与这样丧失了民族气节的人厮守终生。与文绣离婚后没过多久，1931 年 11 月 10 日，溥仪便在郑孝胥和郑垂父子的陪同下，登上日本的“淡路丸”号商船，奔往已被日本侵占的东北，最终投靠日本帝国主义，充当傀儡皇帝去了。所幸的是，文绣先一步脱离苦海，没有与溥仪一同背叛祖国。

离婚后的文绣回到北平，同已经离婚的妹妹文珊一同租房安家。文绣从溥仪那里所得的生活费，支付了聘请律师的费用，付清了打官司的开销等，手里所剩的钱也就不多了。文绣改回少女时期在学校用的名字“傅玉芳”，还在北平市私立四存中小学担任讲授国文和图画的教师，以此谋求自立。但没过多

文绣衣物

久，文绣“末代皇妃”的身份被曝光，各色好事者都来骚扰，她只得辞掉了工作。

1937 年七七事变之后，北平沦于日本铁蹄之下，文绣更加不得安宁。倚仗日本人势力的警察、保长或狗腿子们，接二连三登门向文绣敲诈勒索。如此，几年下来，文绣彻底沦为穷困的平民百姓，不得不以体力劳动讨生活。先是在家里以糊纸盒挣钱度日，还曾到瓦工队里当苦工，因经不起重体力的劳累，最后在街头巷尾以叫卖香烟为生。她虽幸运地逃脱了一段不幸的婚姻，却难以逃脱残酷社会的压迫。

1945 年，抗战胜利，国民党统治北平。文绣经友人介绍，在华北日报社当上了报纸校对员，后来经由报社社长介绍，嫁给了国民党少校刘振东。中华人民共和国成立后，刘振东留在了北京，被安排在西城清洁队当工人。1953 年 9 月 18 日，文绣因突发心脏病逝世于家中，终年 44 岁。她一生未育有子女，最后只有丈夫刘振东守在身旁。在这段婚姻中，夫妻二人感情始终融洽，文绣得到了从她入宫以来就失去的自由、平等，得到了她勇敢争取来的家庭幸福。

6 / 零落碾作尘

Scattered and Crumbled to Dust

看似在“后妃争宠”中全面获胜的婉容，其实并没有尝到胜利的果实。她的内心世界远不似外表那样光鲜亮丽。这位末代皇后在华贵表象之下，长期承受着难以言说的精神煎熬。由于无人倾诉苦恼，婉容把自身的情感困境、婚姻苦闷以及因时代剧变带来的心理冲击，悉数用文字封存在私人日记中。透过中国最后一位“皇后”的独白，我们所看到的不是一个受过新式教育、充满活力、心胸开阔的新派女性，而是一个空闺寂寞、哀怨不已、苦苦哀求爱人施舍一点点怜爱的女子形象。

1931年5月1日

吾爱呀！妾今悔甚，不应言此。切望吾爱原谅，妾实不愿此。吾爱如不相信，可屈指算，今已八载有余，妾又何尝言过？即或背地有一句怨词，随吾爱！妾即三尺挂梁间，妾亦瞑目九泉。

即言此九载之内，妾之言行吾爱亦所尽知。如有不悦吾爱之心之处，切望明言，妾亦好知过改。妾之衷心所愿，即是吾爱爱妾；所最切望者，即是吾爱之颜色。吾爱面上一笑，妾心即安慰极矣；如吾所爱面上有些许不悦之色，妾心即不知所以矣。妾日夜所最盼望者，不过即是吾爱快活与喜悦，如有能安慰吾爱者，妾是无所不牺牲。

妾今勉强书至此处，心力已竭，待至痊愈再接述。三月十四日夜。

1931年5月2日

呜呼吾爱呀！倒是怎样好？如果妾自己牺牲，虽然卧病床间，然而良心甚慰；如果旁人为妾牺牲，妾实不知其所以。吁嗟吾爱乎！不知吾爱心中到底怎么感想？思想起来，不觉令人好狠，绝不该将妾嫁与有妇之夫。即言前数年在张园，吾疑吾爱与淑妃要好时，余心甚悲。终日终夜终时终刻无一时不是悲泣，所以忧思通宵，因至经痛腹泻，昼夜不停，总有百日。因此，随有今日之神经衰弱。可是，余亦未言过，余亦未曾怨过。余每日见人时必须洗面赔笑，那时谁也不知余心之苦。三月十五日。

1931年5月上旬

呜呼吾爱！余确愿死去，余实不知到底为何！昨天话已说明，今天木鱼余皆购得。今早余已悟透，吾爱亦不明言，妾非神经病矣！吾爱呼！如贞我不如放我出家，余亦不知写什么，余亦不知说什么。天呼！天呼！为何不令余死？如吾死，吾爱必说随我去。既然如此，又何必如此！我真说别的恐伤之心，非我不让吾爱看我所写之，余实不愿使吾爱伤心。吾爱可否明言告我？不然余真快死矣。天呼余！

婉容在书写（摄于天津）

实无路，余愿死；母（指婉容生母恒香）呼儿！余愿死；北府母（指溥仪生母瓜尔佳氏）呼儿！余愿死。

日期不详

如我说要至北京，吾必想吾弃吾爱；如吾说要楼下去住，又恐吾爱想：我愿离吾爱；如我说愿避让，吾爱又不愿，必要余说，不要与旁人好，只与我一人好；如我说“与我一人好”，又恐吾爱对吾道，我就爱你，我绝不能再爱旁人一点，吾爱放心；如我稍萌退意，令有此不幸之因，我退让，随致吾爱心疾大发，到底是怎么回事？吾爱昨天对我说，如我不真动气，不真动心即安慰矣。呜呼！天呼！到底怎么好？

约1931年5月

我的爱！今天我累了，不能同我爱玩，实在对不住。别着急，我们明日再玩。好好睡觉，我好多了。

从多篇日记中，我们可以看出，对婉容来说，即便溥仪对她比对文绣好得多，她的生活却依然充满痛苦。她的喜怒哀乐全然系于溥仪一身，但溥仪在静园时忙着复辟，忙着拉拢各方势力，忙着与日本人周旋，有许多“大事”要做，无法承载婉

婉容

静园三层回廊

容全部的情感。婉容大概和文绣一样曾经读过《红楼梦》。只不过，文绣能看出“元妃省亲”盛景不过是烈火烹油、鲜花着锦般的虚妄，而婉容却纠缠于宝玉、黛玉和宝钗三者之间的情情爱爱，并将其投射于自己的婚姻之中，最后弄得自己如黛玉般香消玉殒。可见，读书、受教育是为了让人成为明智自立、有新思想的新女性，而不是成为只会唱歌跳舞说英文，只懂得吃喝享受的时髦女郎，陷入虚荣和情爱之中不能自拔。

溥仪因离婚被新闻报纸不断调侃，在社会上大失颜面。自文绣离开后，溥仪迁怒于婉容，认为是她善妒，“挤走了文绣”，对她的感情反而远不如从前。即使婉容受到文绣启发，也曾想过离婚，但是在她的亲友中间，却找不到敢于站出来公开支持她的人。丑陋的现实、病态的心理，再加上一个名不符实的丈夫，使婉容的心理越来越抑郁。作为曾经的贵族淑女，婉容无法像自小生活艰难的文绣一样坚韧决绝。对溥仪的爱让婉容哀怨不已，但她又无法通过自己和身边的人改变现状，于是只能通过鸦片寻求慰藉，麻痹自己。深陷毒瘾的婉容整日浑浑噩噩，并出轨他人，被溥仪彻底抛弃，最终只空有一个“皇后”的尊号。之后，溥仪在1937年和1943年相继册封了“祥贵人”谭玉龄、“福贵人”李玉琴，照样维持着伪皇帝的体面。

1945年8月11日，溥仪按照日本关东军的命令，逃往通化临江县大栗子沟。8月15日，日本天皇宣布无条件投降，

“福贵人”李玉琴

“祥贵人”谭玉龄

同时溥仪也宣布再次退位。8 月 17 日，溥仪在沈阳机场准备逃往日本时，被苏军逮捕并押往苏联。而婉容和伪宫内府的其他人，从大栗子沟逃到临江，在那里被八路军送到通化。这时的婉容形容枯槁，精神疯癫，最后因毒瘾发作病亡，年仅 39 岁。婉容短暂而悲凉的一生就此画上了句号。

在苏联的收容所中囚居五年后，溥仪被引渡回中国，押至抚顺战犯管理所进行劳动改造。经过十年的改造，他逐渐适应了新生活，完成了从末代皇帝到新中国公民的蜕变，并于 1959 年获得特赦。溥仪回到北京时，文绣已去世六年。对于

溥仪与李淑贤

离他而去的文绣，溥仪尚能前往吊唁，坦言自己未尽丈夫之责。而对婉容，溥仪始终未公开表达歉意或追思。在自传中，他将婉容的悲剧归咎于其“挤走文绣”及染上鸦片恶习，认为她若效仿文绣离婚，也许能避免惨剧发生。溥仪认为三人的悲剧更多地源自封建制度，而对于自己作为丈夫的失责却有所回避。1962 年 4 月 30 日，溥仪与最后一任妻子、护士李淑贤结婚，五年后溥仪因病去世，走完了他传奇的一生。

婉容与文绣入宫时都是风华正茂、情窦初开的少女，去世时仅步入中年。她们曾经享尽荣华富贵，但孤独寂寞、辗转流离的生活，却让她们的生命流逝得太快。婉容接受的西式教育让她得以窥见世界，“皇后”的枷锁却逼她困居宫廷一隅，以吞烟来麻痹自己。文绣凭一腔热血挣脱牢笼，却又为身份所累，在乱世飘零。她们是封建制度的祭品，最终都被时代洪流无情地吞没。

尾声 / 后溥仪时代的张园与静园

Epilogue: Zhang Garden and Jing Garden After Puyi's Departure

张园与静园，既是末代皇帝溥仪在天津的寓所，更是近代天津风云际会的见证者，蕴藏着独一无二的文化密码。自溥仪时代起，两座名园的命运便如同双生藤蔓，在时光长河中几度默契呼应。迈入新世纪，百年风霜为这两座名园蒙上尘埃，修缮重生势在必行——既要唤醒沉睡的旧时风华，也要激活它们在新时代的生命力。如今，张园与静园历经时光沉淀，以更鲜活的姿态重启，化作串联津门近代史的文化地标，让历史故事在当下续写新篇。

1 / 张园的重建与新生

Rebirth and Renewal of Zhang Garden

1935 年，随着日本对华北地区的侵略加剧，天津张园成为日本侵华战略中的重要一环。同年，张园被日本人强行购买征用，并拆除了原有的平远楼，重新建造了一座带有塔楼的二层意式楼房，作为华北驻屯军司令官的官邸。

这座官邸的第一任主人是多田骏，他是日本侵华战争期间的重要军事将领，以“中国通”和“以华制华”策略著称。多田骏毕业于日本陆军士官学校，1935 年 9 月接替梅津美治郎担任日本驻屯军司令官（驻天津），成为华北地区日军的最高指挥官。天津是日本侵华的重要战略据点，多田骏利用租界的特殊政治环境，与汉奸势力勾结，策划“华北五省自治”。同年，他通过威胁国民政府遵从梅津美治郎时期签订的“何梅协定”，迫使中央军撤出河北，为日本扶植傀儡政权铺平道路。

多田骏在 1932 年曾任关东军司令部高级将领，出任伪满洲国军政部最高顾问，这段时间他开始与川岛芳子勾结。1936 年，川岛芳子通过迎合东条英机重返中国，并在天津与多田骏重逢。在津任职期间，多田骏不仅为她提供保护，还曾借助自己的影响力为她组建了一支部队，任命她为总司令。他支持川岛芳子在天津日租界开设东兴楼饭庄，该饭庄表面经营餐饮，实为间谍活动中心，用于拉拢军阀政客、搜集情报并策划间谍行动。多田骏用军部资金暗中操控东兴楼，使其成为日军在华北的重要情报站。1937 年七七事变后，多田骏升任华北方面

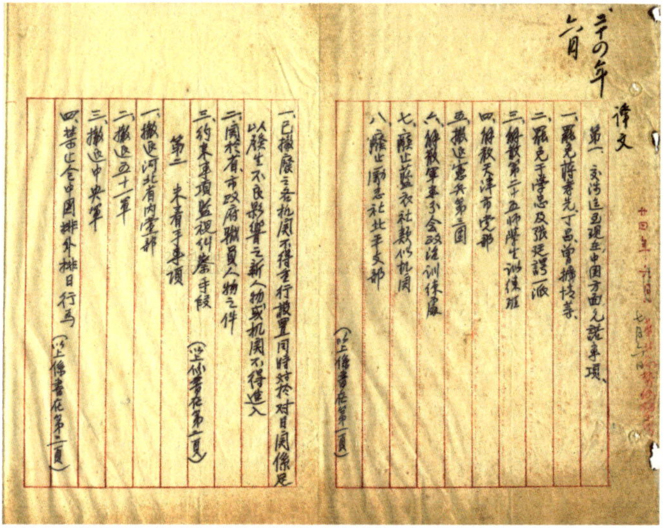

二十四年六月

譯文

第一 迄於近日現在中國方面允諾事項、

一、罷免蔣孝先、丁昌、曾擴情等
二、罷免于學忠及張廷諤一派
三、解散第二十五師學生訓練班
四、解散天津市党部
五、撤退憲兵第三團
六、解散軍事委員会政治訓練處
七、禁止藍衣社類似機関
八、解止勵志社北平支部

（以上係書在第一頁）

一、已撤廢之各機関不得重行設置同時對於對日関係足以發生不良影響之新人物或機関不得進入
二、関於省、市政府職員人物之件
三、約束事項監視糾察手段

（以上係書在第二頁）

第二 未着手事項

一、撤退河北省内党部
二、撤退五十一軍
三、撤退中央軍
四、禁止全中國排外排日行為

（以上係書在第三頁）

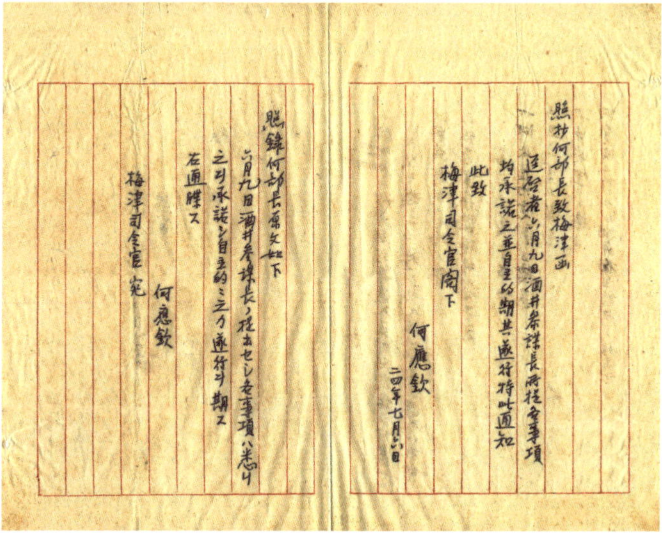

照抄何部長致梅津函

逕啓者六月九日酒井參謀長所提各事項均承諾之並自主的期其遂行特此通知

此致

梅津司令官閣下

何應欽

二四年七月六日

照録何部長原文如下

六月九日酒井參謀長ノ提出セシ各事項ハ悉ク之ヲ承諾シ自主的ニ之カ遂行ヲ期ス

右通牒ス

梅津司令官宛

何應欽

由梅津备忘录和何应钦复函实际达成的协议，使日本攫取了河北省和平津两市的大部主权，史称“何梅协定”，原档藏于台北“国史馆”

军司令，推行“囚笼政策”，通过修建环状公路、平行公路和深沟封锁线，试图切断八路军根据地之间的联系。他尤其注重天津作为交通枢纽的地位，以天津为中心辐射华北铁路网，强化日军对华北资源的掠夺。多田骏调离华北后，其构建的交通网仍被日军沿用，成为华北“治安战”的基础。

多田骏之后，继任者田代皖一郎、香月清司等侵华日军司令继续住在改建后的张园。日军选择此处作为司令官邸，正是看中其曾为末代皇帝溥仪居所的特殊政治意义。拆除原有的平远楼，极有可能是为了建造区域性战略高点。新建筑的西南角建有一座高约 25 米的塔楼，作为瞭望及射击的制高点。新建筑融合了西式与日式风格，塔楼的设计使其成为当时天津的地标之一，也见证了日本侵华历史的黑暗一页。

这座新建筑占地面积为两千余平方米，二层主楼坐东朝西，为砖木混合结构，附设地下室。此楼靠近张园大门的转角处凸出，强调竖向构图，拱券窗、拱券入口门厅、高耸的塔楼等元素赋予了建筑丰富的立面效果。墙身为清水红砖，外檐墙裙和门窗套为水泥石饰面，辅以多层水平线脚，加上红瓦坡顶、拱券窗等元素，整体呈现为意大利古典复兴造型。在张园主楼展室内，有部分区域可以观看到楼体的屋架结构，其中最为特别的是连通到屋顶日式“宝形造”的窄梯，可以在特别设置的内部平台上看到内部布满复杂的木结构，以八角莲花柱造型为底，

张园主楼拱券入口

"宝形造"屋架

腹杆与弦杆稳固相交，伞状屋架将顶部集于一点，形成宝顶。这样的屋架形式在天津现存的建筑中已经不多见了。

主楼正门外有一个由三面拱券支撑的大平台，前接坡道可供汽车行驶。大厅迎面有一座木楼梯，与二层外挑的木回廊相连。楼梯休息平台旁有带花饰图案的高大采光窗，顶部有花饰、齿饰等多层线脚，层次丰富。吊灯、壁灯形态多样，工艺考究，尽显内部富丽堂皇。附楼建筑及装修极具日式风格，因为日本人十分喜爱泡澡，还专门修建了一间步入式的浴池。

张园内日式浴池

被日寇强占的张园

张园的改造不仅体现了日本对天津的控制，也标志着这座建筑从私人宅邸向军事用途的转变。1945 年，日本投降后，张园被国民党军队征用，成为其军官招待所。这一时期，张园见证了国民党在天津的短暂统治，也成为内战期间的重要场所。

1949 年 1 月 15 日，天津解放，张园迎来了新生。同年 1 月 23 日，中国共产党天津市委迁入张园，6 月 15 日，天津市军事管制委员会也迁入其中，与中共天津市委联合办公。8 月 11 日，中共天津市委在张园正式对外挂牌公开。在军管会和市委的领导下，这里成为天津解放初期的重要指挥中心。张园的历史角色从军事指挥中心转变为新政权的行政中心，标志着天津乃至中国历史掀开了新的篇章。

1953 年 3 月，随着中共天津市委迁出张园，这座历史悠久的院落再次迎来新主人。《天津日报》作为市委的机关报，天津日报社入驻张园，并在此办公长达四十余年。这一时期，张园成为新闻传播与文化交流的重要场所，见证了天津乃至中国社会的诸多变迁与发展。

20 世纪 90 年代，天津日报社迁出张园，为其他文化机构腾出空间。天津市少年儿童图书馆在此开馆，为孩子们提供了一个充满知识与想象力的活动天地。随后，经过置换，天津京剧院在此办公，使其成为传统艺术与现代知识交汇的桥梁。

经过 2017—2018 年的提升改造，张园对外开放，推出了

张园曾作为天津市少儿图书馆

一系列展览和活动，如“奠基岁月”“张园往事”等，让访客能够直观感受这座百年名园的历史深度。

在近代中国，张园仿佛一座舞台，上演了一幕幕生动的政治剧。那些历史烟云，萦绕在园中的砖瓦屋檐之间，碰触间仿佛还能听到历史的轻响。如今的张园，不仅是一个历史文化的学习场所，更是市民和游客体验天津文化、享受艺术表演、参与文化集市的多功能空间。从红色足迹的展览到各类文化活动的举办，张园以其独特的魅力，讲述着过去的故事，同时也融入了现代生活的节奏，展现出勃勃的生机。

张园

《奠基岁月》主题展览

《张园往事》主题展览

1976 年的唐山大地震波及天津，张园的塔楼不幸被震毁。灾难过后，塔楼得以重建，它依然是津城最漂亮的塔楼之一，是天津历史的见证者。1982 年，张园因作为孙中山北上天津期间的居住遗址，被天津市人民政府列入第一批文物保护单位名录。2005 年，张园被列入第一批重点保护等级历史风貌建筑名录。如今的张园，已经成为天津不可或缺的文化名片。

2 / 从逊帝行在到百姓人家

From the Residence of the Abdicated Emperor to the Homes of Ordinary People

在溥仪离津的后一年，静园成为日本驻华北特务机关总部。1945 年，静园被国民党天津党部机关征用，三年后成为国民党天津警备总司令陈长捷的官邸。天津解放后，静园被政府接收，主楼作为市总工会办公楼，平房用作职工宿舍。曾任天津市各界协商会主席的黄火青，曾任天津市总工会主席、中国驻苏丹大使的谷小波都曾在此居住过。

1966 年，市总工会迁至大沽路办公，静园房舍全部成为职工宿舍，后来又成为天津日报社职工的生活用房。而此时的张园是报社编辑部，两座园子的不解之缘再次得以延续。创作出《荷花淀》等名篇的现代著名文学家孙犁从 1949 年起在天津日报社工作，主编副刊《文艺周刊》。以此刊为阵地，孙犁发现和培养了不少青年作家，尤其是工厂文艺爱好者与工人作者，孙犁本人更是亲自深入工厂，创作来自生活的文艺作品，示范、引领工人作者如何创作。这一时期在天津形成了一个相当可观的工人作者群体，当时在全国也是首屈一指，这与孙犁的编辑指导工作密不可分。孙犁在天津的大多数时光都是在静园中度过的，这座宅院沉默地守护

孙犁

和陪伴着这位用心血浇灌文坛的园丁。

1976 年 7 月 28 日，静园同样遭受了唐山大地震的严重破坏，虽不像张园塔楼那样整体倒塌，但各处损坏仍十分严重。到 21 世纪初时，历经沧桑的静园已经变成了生活着 45 户居民的大杂院，历史原貌几乎荡然无存。静园院内违章搭建近 600 平方米，居住环境凌乱不堪，整体建筑亟待修复。

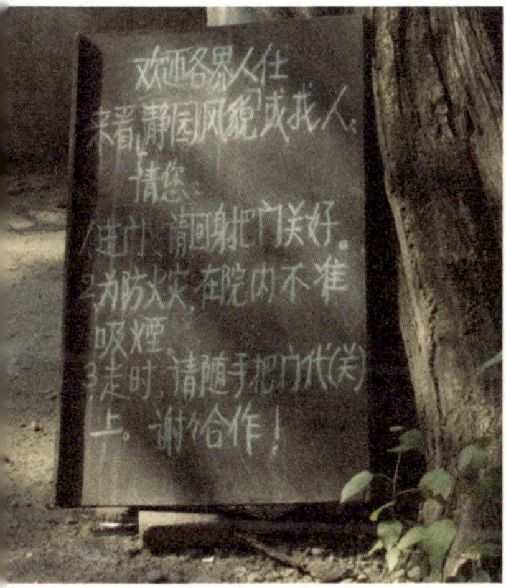

静园整修前，居民设立的提示牌

整修前的静园

整修前的静园

整修前的静园

静园修复展览馆新旧对比模型

2005 年，在天津市委、天津市政府的大力支持下，天津市历史风貌建筑整理有限责任公司对静园进行了腾迁与修复工作，静园建筑的原始风貌得到了较好的保存。2007 年，静园，这座具有特殊政治意义的建筑，对外开放，并被列入全国重点文物保护单位名录。修复后的静园不仅恢复了旧时风貌，还增设了展览馆和文化活动空间，成为天津重要的文化旅游景点。园中常设溥仪生平展、静园历史展，以丰富的图片、实物和文献资料，向游客展示静园的历史变迁。在互动体验区，游客可以穿上民国服饰，拍照留念，留下穿越历史的瞬间。此外，静园还会定期举办各类文化活动，如书画展览、讲座、亲子活动等，让游客在游览过程中，深入了解和传承我国优秀传统文化。

爱新觉罗·溥仪展览馆

静园修复展览馆

参考文献
References

[1]《静园》编委会 . 一楼一世界・静园 [M]. 天津 : 天津大学出版社 , 2012.

[2] 天津市国土资源和房屋管理局 , 天津市历史风貌建筑整理有限责任公司 . 静园大修实录 [M]. 天津 : 天津大学出版社 , 2014.

[3] 王述祖 , 航鹰 . 往事 [M]. 天津 : 天津古籍出版社 ,2011.

[4] 爱新觉罗・溥仪 . 我的前半生 [M]. 贵阳 : 贵州人民出版社 , 2022.

[5] 庄士敦 . 紫禁城的黄昏：评注插图本 [M]. 高伯雨 , 译注 . 上海 : 上海人民出版社 , 2019.

[6] 李国雄 , 王庆祥 . 随侍溥仪三十三年 [M]. 北京 : 群众出版社 , 2018.

[7] 王庆祥 . 宣统皇帝 [M]. 北京 : 故宫出版社 ,2016.

[8] 王庆祥 , 陈宏 , 张临平 . 溥仪全传 [M]. 北京 : 群众出版社 , 2016.

[9] 王庆祥 . 婉容 – 文绣传 : 末代皇后和皇妃 [M]. 北京 : 团结出版社 ,2005.

[10] 马宇彤 . 小楼忆春秋 [M]. 天津 : 天津教育出版社 ,2022.

[11] 单霁翔 . 故宫藏影 : 西洋镜里的宫廷人物 [M]. 北京 : 故宫出版社 ,2018.

爱新觉罗·溥仪 大事年表

Major Events in the Life of Aisin-Gioro Puyi

1906 年 2 月 7 日 生于北京醇亲王府，祖父为醇亲王奕譞，父载沣，母瓜尔佳·幼兰（荣禄之女）。

1908 年 11 月 因光绪帝与慈禧太后相继病危，溥仪被接入宫立为嗣皇帝，一人兼祧两房。

1908 年 12 月 2 日 正式即位，第二年改年号为“宣统”。由隆裕太后（光绪帝皇后）和摄政王载沣共同辅政。

1912 年 2 月 12 日 辛亥革命后被迫退位，清朝统治终结。依据《清室优待条件》，保留溥仪“皇帝”尊号，居紫禁城，民国政府每年拨付 400 万两白银补贴。

1917 年 7 月 张勋率辫子军发动复辟，拥溥仪复位。仅 12 天后复辟失败，溥仪再次退位。

1919 年 2 月 22 日 英国教师庄士敦入宫教授溥仪西方文化。

1922 年 12 月 1 日 与皇后婉容、淑妃文绣大婚。

1924 年 11 月 冯玉祥发动“北京政变”，派鹿钟麟将溥仪驱逐出紫禁城，废除其皇帝尊号。

溥仪

1925年2月24日 抵达天津，租住前清将领张彪的别墅“张园”，并在此设立“清室驻天津办事处”，谋求复辟。

1928年春 清东陵被盗，乾隆、慈禧陵墓遭毁，加深了溥仪对民国政府的仇恨。

1929年7月 迁入原北洋政客陆宗舆宅邸“乾园”，并将其改名为“静园”。

1931年8月 淑妃文绣通过律师向溥仪提出离婚诉讼，引发全国轰动。

1931年10月 与文绣正式签署离婚协议，支付其5.5万元赡养费。为挽回颜面，发“谕旨”贬文绣为庶人，称其“显违祖训”。

1931年11月10日 在日本特务土肥原贤二策划下，借“天津事变”混乱潜赴东北。

1932年 在日本扶持下任伪满洲国执政，年号“大同”。

1934年3月1日 改称伪满洲帝国皇帝，改年号“康德”，实为日本傀儡。

1935年 居于长春伪满皇宫期间，与婉容感情破裂，将其打入冷宫。

1937年 册封谭玉龄为“祥贵人”，5年后，谭玉龄去世。

1943年 册封李玉琴为“福贵人”。

1945年8月17日 日本投降后，在沈阳机场被苏军逮捕，被押往苏联。

1946年 作为证人在远东国际军事法庭作证，揭露日军罪行。

1950年 引渡回国，于抚顺战犯管理所接受改造。

1959年12月4日 获新中国首批特赦，成为普通公民。

1961年 调到全国政协文史资料委员会任职。

1962年 与护士李淑贤结婚。

1964年12月起 任第四届全国政协委员。

1964 年 自传《我的前半生》出版，详述从帝王到公民的转变。

1967 年 10 月 17 日 因尿毒症病逝于北京，终年 61 岁。